穿越历史的仰望

黄道婆

“衣被天下”的女纺织家

步印童书馆 著/绘

電子工業出版社
Publishing House of Electronics Industry
北京·BEIJING

图书在版编目（CIP）数据
黄道婆："衣被天下"的女纺织家 / 步印童书馆著、绘. --北京：电子工业出版社，2022.3
（穿越历史的仰望）
ISBN 978-7-121-42810-4

Ⅰ. ①黄… Ⅱ. ①步… Ⅲ. ①黄道婆（约1245-？）—生平事迹—少儿读物 Ⅳ. ①K826.16-49

中国版本图书馆CIP数据核字（2022）第018408号

本书插画只作为情节气氛的渲染烘托，不作为名物考证的依据。
特别鸣谢本书主要创作者郑利强先生。

责任编辑：季　萌　　特约编辑：田学清
印　　刷：汇昌印刷（天津）有限公司
装　　订：汇昌印刷（天津）有限公司
出版发行：电子工业出版社
　　　　　北京市海淀区万寿路173信箱　邮编：100036
开　　本：889×1194　1/16　印张：42.25　字数：285.4千字
版　　次：2022年3月第1版
印　　次：2022年11月第2次印刷
定　　价：268.00元（全15册）

凡所购买电子工业出版社图书有缺损问题，请向购买书店调换。若书店售缺，请与本社发行部联系，联系及邮购电话：（010）88254888，88258888。
质量投诉请发邮件至zlts@phei.com.cn，盗版侵权举报请发邮件至dbqq@phei.com.cn。
本书咨询联系方式：（010）88254161转1860，jimeng@phei.com.cn。

黄道婆

黄道婆是宋末元初著名的棉纺织改革家。她出生在松江府乌泥泾（今属上海市）的一户穷苦人家，因为被人虐待而不幸流落到崖州（今位于海南省三亚市）。但是黄道婆非常勤奋，不断向黎族妇女学习棉纺织技术，并且自创了一套棉纺织技术。之后黄道婆回到家乡，就将先进的棉纺织技术传授给乡亲，并且发明了当时世界上先进的纺纱工具。黄道婆被后人誉为“衣被天下”的女纺织家。

黄道婆为什么会将自己好不容易学到的技术教给众人呢？快来看看下面的故事吧。

收听全部音频请使用微信
扫描上方小程序码

天上星光闪烁，夜色是那样的美！可是，在窗前纺纱的小丫头却一脸忧愁地感叹：“唉！明天家里又没饭吃了！”

一大早，父亲到田里干活，小丫头也背起竹篮走出家门，寻找野菜。小丫头东挖西采，好不容易将竹篮装满，高兴地自言自语：“今天家人不用挨饿了。”

这一年天气干旱，地里收成不好，家里的生活维持不下去了，母亲只好把小丫头卖给别人当童养媳。

为了避免小丫头遭受虐待，母亲泪眼汪汪地向收留小丫头的婆婆说：“小丫头是个乖巧的孩子，请好好待她。”

小丫头来到新家后，白天要劈柴烧饭，晚上要纺纱织布，不但工作繁重，还经常受到公婆和丈夫的欺凌。

她实在受不了被虐待的日子。一天夜里，小丫头收拾了包袱，趁着夜深人静逃跑了。

小丫头拼命地跑啊跑，跌倒了又爬起来。不知道跑了多远，直到清晨，公鸡啼叫，才发现自己来到了一座道观的门口。

小丫头求见了观主，观主非常同情她的遭遇，收留了她。小丫头感激涕零，一直叩头，拜谢观主。

观里的姐妹围绕着她，询问她的遭遇、名字。小丫头说：“我姓黄，家人都叫我小丫头。”一位师姐说：“你姓黄，那我们就叫你黄道姑好了。”

一天，观主的师姐从崖州（今海南省三亚市）前来拜访，她的衣着十分素雅，不过领口、袖口却织着精美的花纹。观主羡慕地说：“想不到崖州有这么好的织工。”

观主的师姐兴致勃勃地说：“黎族人的纺织工艺精妙绝伦，那儿的纺织品，样样都十分精致！”对纺织有着浓厚兴趣的黄道姑听了，对那里十分向往！

她想：这里离家太近，很容易被婆家的人发现并捉回去，不如到崖州去学习纺织技术吧！于是，她向观主的师姐请求说：“让我跟您去崖州好吗？”

观主的师姐爽快地答应了。几天后，她们离开道观，前往崖州。海上的风浪很大，在船上摇摇晃晃了几十天后，她们终于到达了崖州。

黄道姑一到崖州，立刻被当地色彩艳丽、织工精巧的衣服纹饰深深吸引了。

黎族人相当和善。他们见黄道姑孤零零的没有亲人，不但在生活上对她百般照顾，还主动将黎族的纺织技术传授给她。

黄道姑看到黎族姑娘捧出一篮又一篮的棉絮，连忙热心地想要帮忙刨去棉絮里的棉籽。姑娘们摇头笑着说：“用手刨太慢了，用轧棉车轧棉籽，既快速又方便！”

说着，姑娘们利落地将一团团棉絮放入轧棉车，轻轻一轧，棉籽就一粒一粒落下来了。这个方法果然既快速又方便！

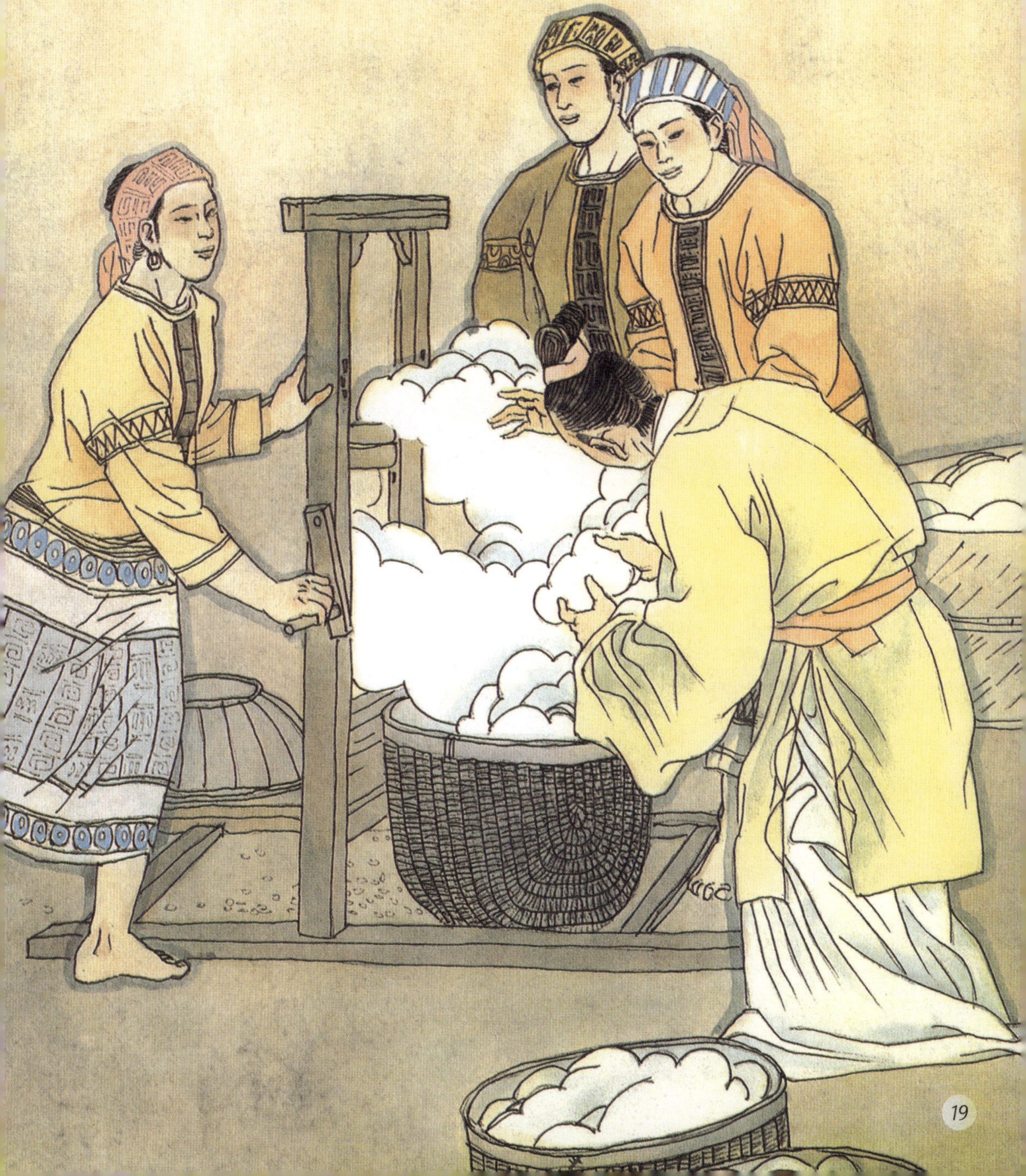

一天，一位热心的老奶奶带着黄道姑到弹棉絮的工作坊。只见黎族姑娘背着一张四尺长的大弓，一只手拿着木槌轻轻敲打弓弦，不一会儿，就弹出了松软又轻柔的棉絮。

黄道姑学会弹棉絮以后，黎族人又搬出了三锭纺车，教她纺纱。当黄道姑看到棉线又整齐又快速地被抽出来，并且一次可以纺出三根棉线时，不禁呆住了。

黄道姑除了认真地学习纺织技术，还把轧棉车、大弓和三锭纺车的图形一一画在纸上，准备有一天回到故乡教那里的人们制造这些纺织工具。

有一天，一位热心的黎族工匠把轧棉车、大弓、三锭纺车等纺织器做成小模型，送给黄道姑，说：“我怕你画不出机器的准确构造，帮你做了模型。”黄道姑高兴地谢了又谢。

时间飞快地流逝，三十年过去了。转眼间，黄道姑已是一个50多岁的老妇人了，每次想起故乡，她总是想回去看看。

黄道姑含泪告别了黎族朋友，决心回到故乡。在船上，她深情地凝望着逐渐模糊的崖州，直到再也看不见它。

回到故乡后，她发现父母已经去世了。黄道姑就在亲戚家住了下来。邻居们没想到她还活着，纷纷前来探望。因为上了年纪，大家就称呼她为黄道婆。

这时，家乡的棉花产量很高，可惜的是，人们的纺织技术非常落后。黄道婆看见这种情形，决心教大家使用新的机器，改进纺织技术。

黄道婆告诉乡亲们：“我想把松江和崖州的纺织技术结合起来，使纺织技术更先进。”说着，她拿出黎族师傅送的模型说：“现在，我们先来做一架轧棉车吧！”

在黄道婆的指导下，轧棉车做好了。大家需要把原棉塞进转动着的轧棉车里，用手一摇，马上就能把棉籽挤掉、轧出棉花，既快速又省力。比起以前用手摘掉棉籽，效率提高了好几倍，大家乐得手舞足蹈。

去籽后的棉花必须弹松后才能纺成纱。人们原来都是用一种小竹弓，用手拨动用线做的弦，这种方法很慢，棉花也很难弹得蓬松。黄道婆教工匠们制造四尺长的大弓，再用绳子做成弦，用棒槌敲打绳子。这样，弹棉花的速度加快了许多，弹出来的棉花既松软，杂质还很少。人们乐得合不拢嘴，对黄道婆又感激又佩服。

接下来就是纺纱。弹的棉花多了，可是纱的产量却上不来。当时人们使用的是一种单锭的手摇纺车，费力又费时，常常累得纺织工人汗流浃背，却纺不出多少纱来。人们纷纷请教黄道婆怎样才能改良纺纱技术。

黄道婆根据黎族的纺车模型，制造了一台三锭脚踏式纺车。只要脚踏上去，轮子就飞快地转动，把站在机器前的人们看得目瞪口呆。

大家兴奋地抱来棉卷放在纺车上，想试试三锭脚踏式纺车的效果。没想到，纺车的大竹轮转快了，线就断了；接上再试，又断了！这是什么原因呢？黄道婆百思不得其解。

夜深人静，黄道婆点着油灯，坐在桌前，一会儿看看从崖州带回来的机器图纸和模型，一会儿看看松江的手摇单锭纺车，苦苦思索、比较。

突然，她明白了！

原来，崖州棉花的棉絮长，可以用脚踏式纺车；松江棉花的棉絮短，纺车的轮子转动太快，纱线就容易断。她不禁感慨：“看来还是得动动脑筋，想办法改进纺车才行！”

黄道婆找来工匠，尝试着改变纺车车轮的直径，调整脚踏轴的偏心。经过改良，新的纺纱车顺利地纺出了纱线，而且产量比原来多了三四倍！于是这个纺纱工具很快被推广开来。这也是当时世界上先进的纺织工具。

大家欣喜地看着新机器运转，每个人的脸上都洋溢着笑容。突然，劳累过度的黄道婆晕倒在机器旁，众人都慌了。

乡亲们把黄道婆抬回家里。有位老人家说：“唉！黄道婆这么大的年纪了，每天还要动脑筋思考，东奔西跑地忙着传授技术，怎么能不累出病来呢？”

大家请来最好的医生给黄道婆治病，医生把着脉，脸色沉重地说："她操劳过度，加上风寒感冒，病情相当严重，需要好好调养！"

黄道婆的病刚好，就开始指导工匠们制造提花机器。傍晚，一位年轻工匠说：“师父，该收工啦！”老工匠摇摇头说：“黄道婆带着病还辛苦地指导我们，我们怎么好意思休息呢？”

大家努力地工作，终于成功地制造了一台提花机器，使得纺织技术更高了。从此之后，乌泥泾出产的棉被上织着各式各样美丽的图案，非常受欢迎，人们便把这种棉被叫作“乌泥泾被”。

由于机器的改良和技术的提升，松江地区的纺织品越来越精致，越来越出名。全国各地的人都来到乌泥泾，争着购买质地细密、色彩艳丽的“松江布”。

不断追求进步的黄道婆不顾自己病弱的身体，继续把自己的纺织经验传授给大家，使得松江地区的纺织业发展迅速，松江也得到了“衣被天下”的美名—意思是松江郡织出来的棉布，足够供天下人使用。

大家对黄道婆说："您改良纺织机器，又传授给我们新的技术，使咱们这个地方繁荣富庶，您真是了不起！"黄道婆谦虚地说："这是大家共同努力的结果。"一位老人家说："是大家共同努力的结果没错，可是您的功劳最大，您听——"

这时，一群孩子正在屋外，拍手唱着：“黄婆婆，黄婆婆，教我纱，教我布，两只筒子二匹布。”这首赞美黄道婆的歌谣，从元朝一直流传到了今天呢！

出生于南宋末年的黄道婆，将一生的心血全部花在改良纺织机器和传授纺织技术上。她去世后，乌泥泾的人们为了纪念她，特地盖了一座“先棉祠”。

穿越历史的仰望

一行

好奇始于大地有多长

步印童书馆 著/绘

電子工業出版社
Publishing House of Electronics Industry
北京·BEIJING

图书在版编目（CIP）数据
一行：好奇始于大地有多长 / 步印童书馆著、绘. --北京：电子工业出版社，2022.3
（穿越历史的仰望）
ISBN 978-7-121-42810-4

Ⅰ. ①一…　Ⅱ. ①步…　Ⅲ. ①张遂（683-727）—生平事迹—少儿读物
Ⅳ. ①K826.14-49

中国版本图书馆CIP数据核字（2022）第018409号

本书插画只作为情节气氛的渲染烘托，不作为名物考证的依据。
特别鸣谢本书主要创作者郑利强先生。

责任编辑：季　萌　　特约编辑：田学清
印　　刷：汇昌印刷（天津）有限公司
装　　订：汇昌印刷（天津）有限公司
出版发行：电子工业出版社
　　　　　北京市海淀区万寿路173信箱　邮编：100036
开　　本：889×1194　1/16　　印张：42.25　　字数：285.4千字
版　　次：2022年3月第1版
印　　次：2022年11月第2次印刷
定　　价：268.00元（全15册）

凡所购买电子工业出版社图书有缺损问题，请向购买书店调换。若书店售缺，请与本社发行部联系，联系及邮购电话：（010）88254888，88258888。

质量投诉请发邮件至zlts@phei.com.cn，盗版侵权举报请发邮件至dbqq@phei.com.cn。

本书咨询联系方式：（010）88254161转1860，jimeng@phei.com.cn。

一行

一行，原名张遂，一行是他的法号。他是中国唐代著名的天文学家和释学家。他所编写的《大衍历》比唐代已有的其他历法更精确。公元733年，大衍历传入日本、朝鲜等地，使用近百年。

收听全部音频请使用微信
扫描上方小程序码

夜深了，除了偶尔传来几声蛙鸣，大地一片沉寂，草地上的露水愈来愈重。旷野中，一个年轻人，又在兴趣盎然地观察着满天星斗。这个彻夜观察星象的年轻人叫张遂。

天空泛起了鱼肚白，一夜没睡的张遂。并没有露出疲倦的神色。这会儿，他正伏在桌上，用心地记录着昨晚的观察结果。

仔细地看看他的屋里，家具真是少得可怜，简陋极了。其实张家本来家境相当富裕，他的祖父曾是个大官。可惜到了张遂出生时，家道中落，加上父亲去世太早，生活更是十分清苦。

贫穷的张遂，有时还得靠邻居接济才能度日。虽然家境贫苦，但张遂仍然不放弃读书。买不起书就到处去借；遇到疑问，就四处虚心请教。

他听人说，长安城里的寺院元都观藏书丰富，因此不辞辛苦，跋涉了好长好长的一段路，来到元都观，并且认识了道士尹崇。

尹崇学识渊博，他和张遂一见如故，谈得十分愉快。从此，张遂常常到元都观向尹崇借书，并且互相交流读书心得。

这天，尹崇拿了一本书借给张遂，他说：“这本《太玄经》是汉朝学者扬雄写的，很深奥！你带回去好好地看一看。”张遂谢过了尹崇，抱着书，兴冲冲地跑回去了。

过了几天，张遂把《太玄经》还给尹崇，尹崇惊讶地问：“你都看完了吗？”张遂点点头。尹崇再问：“懂吗？”张遂又点点头。尹崇惊讶地摇头，说：“这本书，我花了几年的时间，都没读懂。你才几天的工夫就弄懂了，这太令我惊奇了！”

为了证明自己已经读懂了《太玄经》，张遂将他画的图表和读书笔记，拿给尹崇看。尹崇看了以后，不禁啧啧称奇，对张遂更是由衷地敬佩。

从此，张遂博学的名声，一传十、十传百，传遍了整个长安城。

当时正值武则天当政。她的侄儿武三思，攀缘亲戚关系做了大官，有权有势。武三思为了抬高自己的声望，为自己树立良好形象，刻意结交、笼络知识分子。

张遂的名声，传入了武三思的耳朵，武三思派人将大批礼物送给张遂，希望能够拉拢他。

正直的张遂，一向最看不惯像武三思这样不学无术、作威作福的人。因此，张遂不但避而不见，还将礼物原封不动地一一退回。这天，武三思的使者又来了。张遂吩咐家人：“告诉来者，我病了，无法赴宴。”

使者走后，张遂心想：虽然自己不愿同流合污，但是三番两次地推辞，万一得罪了武三思，恐怕会连累了亲朋好友，必须想个办法，让他不再来纠缠。

第二天，张遂毅然离开长安，前往河南嵩山出家当和尚，并且拜普寂禅师为师父，法号一行。

有一天，一行的师父普寂禅师在寺中摆设斋宴，邀请各地僧人共同研究佛学。这次参加大会的有上千人，有的甚至从百里外赶来，真是盛况空前！普寂禅师请隐士卢鸿写了篇文章，赞颂这次聚会。

卢鸿对普寂禅师说：“我的文章很长，而且文字冷僻，大师可不可以找一个聪明的和尚来，我要亲自向他讲解。”普寂禅师派人把一行找了来。

一行看了一遍卢鸿的文章，并没有提出任何疑问。卢鸿在心里不禁暗暗责备，这个年轻的和尚态度太傲慢了。过了一会儿，聚会开始了，一行竟然从容地当众大声朗诵了卢鸿写的文章，一个字也没有错漏。

卢鸿惊愕极了！他告诉普寂禅师：“这个年轻的和尚不是普通人！让他留在寺里会埋没了他的才华，你应当让他出去四处游历！”

有了师傅的支持，一行四处云游，走遍千山万水，寻访名师，他的学识越来越渊博，声望也越来越高。

一行听说，浙江天台山的国清寺里有位精通数学的僧人。于是他动身前往国清寺，向那位僧人虚心求教。这次旅程，一行独自步行了几十天才抵达目的地。由此可以看出，一行求知的欲望是多么强烈。

几年后，唐玄宗继位。刚继位的玄宗，决心做出一番作为，因此下诏广求天下贤士，参与国家建设。

一行当然也在征召的学者名单中，不过，朝廷好几次征召他到长安，他都婉拒了。这时，一行远游的脚步，已经到了玉泉山（位于今湖北省）。

一直到开元五年（公元717年），玄宗派了一行的远房堂叔亲自上玉泉山请他回长安。经不住皇帝的再三邀请，一行回到了长安，住在长安附近的华严寺中，一边翻译梵文佛经，一边继续研究天文学和数学。

玄宗非常敬重和信任张遂，常常和他讨论国家大事，遇到重大决策，必会事先征求他的意见。

这天，玄宗和一行正在共同商讨国家大事。突然，玄宗叹了一口气，说："唉！最近太史官向我报告历法不准，几次预测日食的日期都不灵，再这样下去，恐怕历象、节气都要混乱，农民就无法及时耕田了！一行大师，你有没有好法子呢？"

一行说："现在使用的麟德历是李淳风制定的，沿用了50年，误差越来越大。依我看，最好是重修历法。"玄宗点头问道："嗯，可是，该从哪儿着手呢？"

一行说：“要修订历法，一定要重新观察天象。现在一定要重新测量日影的长度，加以精确的运算，才能修正历法中的错误。”

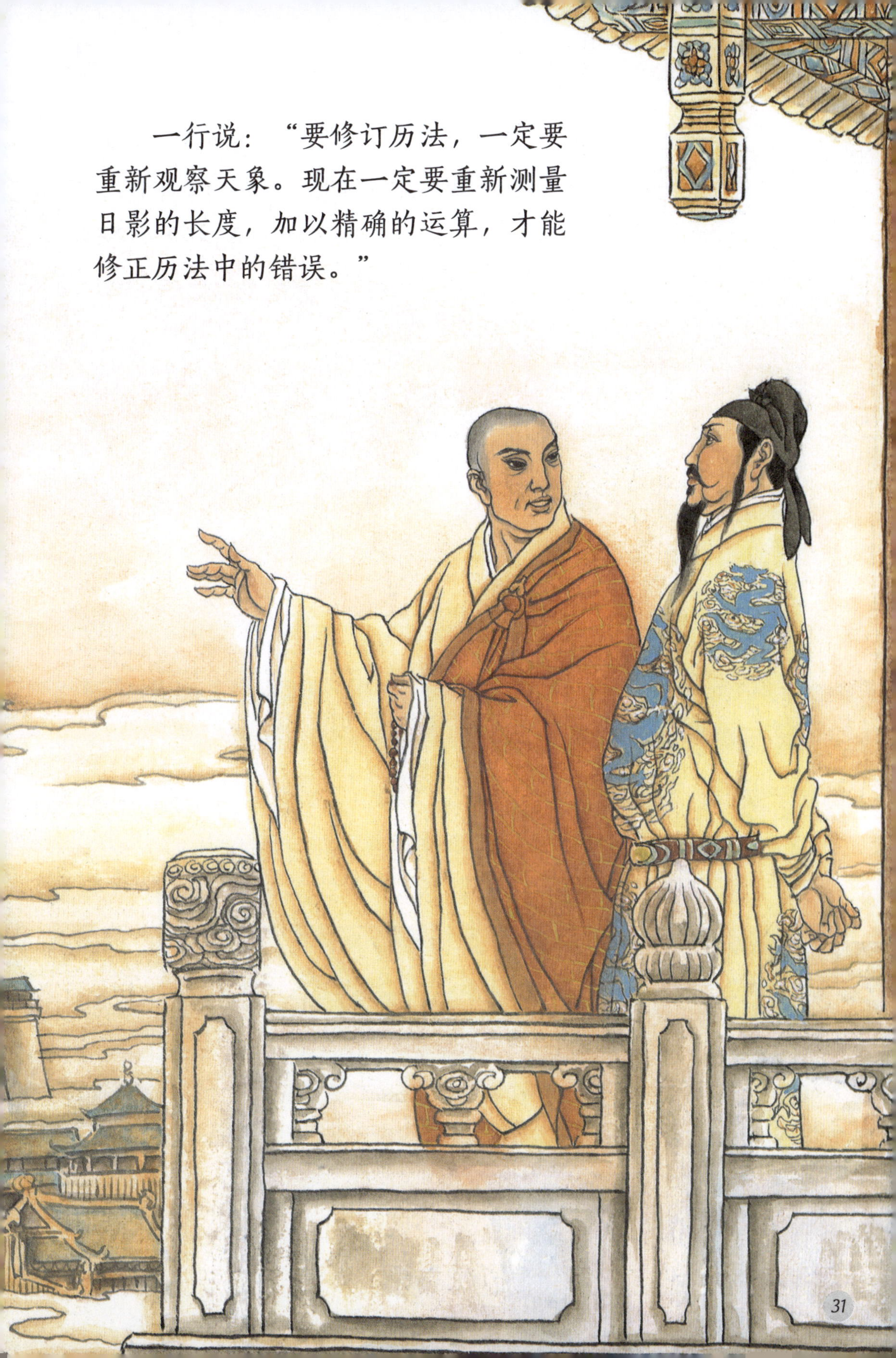

听了一行的话，玄宗采纳了修订历法的建议：“那么，这项工作就交给你，你放手去做吧！”就这样，一行承担起主持修订历法的工作。

工欲善其事，必先利其器。一行发现宫里的天文仪器破旧不堪，有的根本不能使用，只好找来机械制造师梁令瓒帮忙。两人先后合作制造了黄道游仪和水运浑天仪等天文仪器。

其中水运浑天仪的结构、功能，比张衡的浑天仪进步了许多，除了能说明日月星辰的运行规律，还能自动计时呢！水运浑天仪是以水力运转机器来计时的，并且特地装了两个木头人，一个敲鼓，一个敲钟，负责报时。

由于水运浑天仪设计得相当精巧，当它制作完成后，玄宗特地命人将它摆在了武成殿上，这让文武百官大开眼界。

观测工作即将开始，丽正殿内显得格外忙碌，大批的测量人员忙着校正测量仪器的准确性。一行也忙着向观察人员交代测量工作中应注意的细节。

一个风和日丽的早上，太史监南宫说等人，各自率领手下的观测人员浩浩荡荡地出发了，他们分别前往各个观测站开展观测工作。

这次观测的内容，包括测量日影的长度和北极星的高度。观测人员必须在夜晚观察北极星，测量它和地面所成的角度。因为这个角度和观测地点的纬度差不多，所以只要能测量北极星与地面所成的角度，观测站所在地的纬度也就知道了。

在春分、秋分、夏至、冬至的正午，测量人员必须拿着八尺长的标杆，测量日影的长度。

由于观测范围很大，观测站分布在全国的13个地方，因此一行必须坐镇长安，按时接收各地的数据报告并进行整理研究，并且在长安的天文台日夜进行观测。

公元724年冬天，观测队陆陆续续地回到长安，艰辛而浩大的天文观测工作终于结束了。

通过这次观测，有一个意外的发现，就是通过实地测量，曾经人们认为南北两地相隔一千里，日影长度会相差一寸的说法是错误的。对于这一说法，隋朝的天文学家刘焯已经提出质疑了，现在一行终于证明了这一说法是错误的。

观测工作刚结束，一行便迫不及待地着手编写新的历法——《大衍历》。这项工作相当艰巨，非常耗费心神。一行每天都得埋首在大批的资料中，绞尽脑汁地计算，不眠不休地工作。

皇天不负苦心人，花了整整三年的时间，《大衍历》的初稿终于完成了。由于劳累过度，本来身体就不好的一行于同年的九月病倒在华严寺。

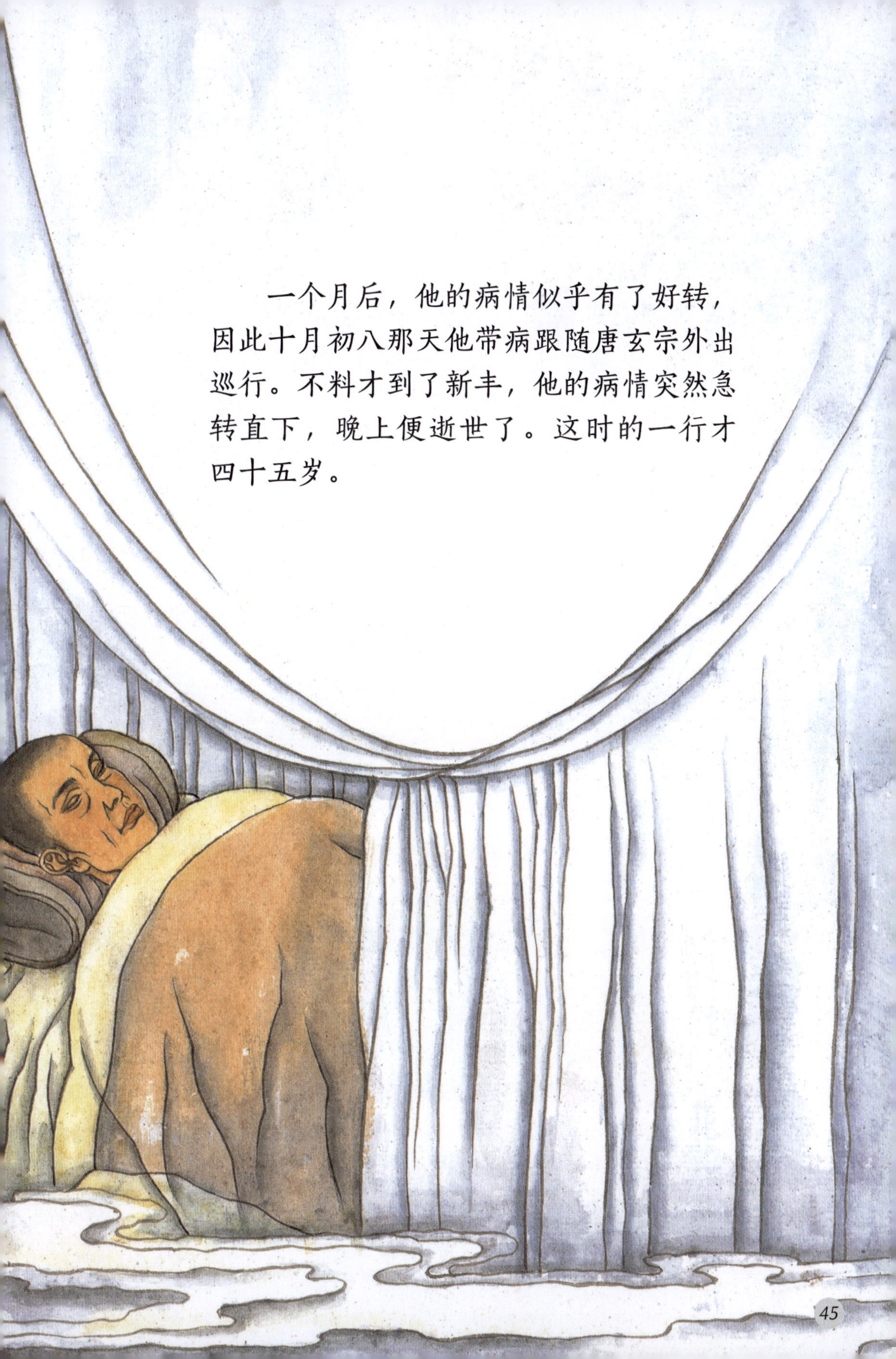

一个月后，他的病情似乎有了好转，因此十月初八那天他带病跟随唐玄宗外出巡行。不料才到了新丰，他的病情突然急转直下，晚上便逝世了。这时的一行才四十五岁。

后来，《大衍历》继续由他人整理完成。这是当时世界上最先进的历法，对日本、朝鲜等许多国家的历法修订，都产生过重大影响。在《大衍历》的修订过程中，一行已经认识到：太阳运动的速度快慢不一，冬至这天最快，以后由快到慢；夏至这天最慢，以后由慢到快。一行在我国天文学方面的贡献令人敬佩。

穿越历史的仰望

张衡

开创中国天文、地理研究先河

步印童书馆 著/绘

電子工業出版社
Publishing House of Electronics Industry
北京·BEIJING

图书在版编目（CIP）数据
张衡：开创中国天文、地理研究先河 / 步印童书馆著、绘. --北京：电子工业出版社，2022.3
（穿越历史的仰望）
ISBN 978-7-121-42810-4

Ⅰ.①张… Ⅱ.①步… Ⅲ.①张衡（78-139）—生平事迹—少儿读物 Ⅳ.①K826.14-49

中国版本图书馆CIP数据核字（2022）第018410号

本书插画只作为情节气氛的渲染烘托，不作为名物考证的依据。
特别鸣谢本书主要创作者郑利强先生。

责任编辑：季　萌　　特约编辑：田学清
印　　刷：汇昌印刷（天津）有限公司
装　　订：汇昌印刷（天津）有限公司
出版发行：电子工业出版社
北京市海淀区万寿路173信箱　邮编：100036
开　　本：889×1194　1/16　印张：42.25　字数：285.4千字
版　　次：2022年3月第1版
印　　次：2022年11月第2次印刷
定　　价：268.00元（全15册）

凡所购买电子工业出版社图书有缺损问题，请向购买书店调换。若书店售缺，请与本社发行部联系，联系及邮购电话：（010）88254888，88258888。

质量投诉请发邮件至zlts@phei.com.cn，盗版侵权举报请发邮件至dbqq@phei.com.cn。

本书咨询联系方式：（010）88254161转1860，jimeng@phei.com.cn。

张衡

张衡（78—139），字平子，是东汉时期杰出的天文学家、数学家、发明家、地理学家、文学家。他对中国天文学机械技术、地震学的发展做出了杰出的贡献。他发明了浑天仪、地动仪。由于他贡献突出，国际天文学联合会将月球背面的一个环形山命名为“张衡环形山”，将太阳系中的1802号小行星命名为“张衡星”。

南阳郡（今河南省南阳市）是个山明水秀、风景怡人的地方。从这儿往北走大约五十里，有个叫“石桥”的小镇，张衡就出生在这个小镇上。

这天，天气晴朗。十六岁的张衡像往常一样带着竹简，到离家不远的郊外念书。一路上，只要碰到熟识的人，不分男女老少，他都很有礼貌地打招呼。

张衡坐在枝叶浓密的大树下，时而低头看着竹简，时而对着远处苍翠的高山，朗朗诵读。突然，他放下手中的竹简，仰头叹气，心想：“老是这样一个人苦读根本不是办法，怎样才能学习到更多的新知识呢？”

经过一番深思熟虑，张衡决定离开故乡，到长安、洛阳一带游历，拜访名师，充实自己。第二天，他简单地收拾了行李，带着母亲的叮咛和一颗憧憬未来的心出发了。

经过长途跋涉，风尘仆仆的张衡，来到了长安。在落日余晖中，他站在一座小丘上远眺，看到昔日风光一时的西汉宫殿，因为战火的摧残，零零星星地“躺卧”在荒草中，心中不禁涌起了一股莫名的悲凉。

停留在长安的日子里，张衡来到了云雾漫山的骊山，登上烽火台，追想当年周幽王，为了博得褒姒一笑，恣意点燃烽火，结果竟落得国破人亡的下场。张衡又渡过渭水来到咸阳，凭吊阿房宫的古迹，感叹历史的兴衰。

张衡还拜访了当地的老人，以便了解更多的历史。这些游历经验，让一直闭门苦读、没有出过远门的张衡，丰富了自己的知识体系。

在春风的吹拂下，张衡来到了都城洛阳。洛阳果然是个繁华的大都市，街道上挤满了商贩及游客。这些热闹的场景，是张衡在故乡无法见到的。

转眼间，七年过去了，张衡受邀回到南阳当主簿，协助太守处理一些文书工作。主簿的工作十分清闲。张衡利用这个机会从事文学创作，将游历长安、洛阳的所见所闻，以“赋”的形式写下来。他写了改，改了又写，花费数十年时间，完成了轰动文坛的《二京赋》。

张衡为了专心研究学问，拒绝了许多做官的机会。由于研读深奥的《墨子》和西汉扬雄所著的《太玄经》，他对其中的天文科学知识产生了浓厚的兴趣。

这天，一辆有伞盖而四周敞露的马车停在了张衡家门口，吸引了很多人围观。原来，朝廷特地派人前来征召张衡到朝廷做官。

在母亲的一再鼓励下，张衡坐上了马车，再度来到洛阳。张衡被任命为侍中。虽然日常工作十分烦琐，但是张衡并没有放弃研究学问。

四年后，皇帝知道张衡对天文学很有研究，任命他为太史令，负责天文、历法、气象、地震等方面的工作。这项工作对张衡来说再适合不过了，因为他可以在这份工作中，充分发挥自己的才能。

当时关于宇宙天体的认识有三种说法：“宣夜说”“盖天说”“浑天说”。“宣夜说”认为：宇宙是无限的，宇宙中充满着气体，所有天体都在气体中飘浮运动着。“盖天说”认为：天像盖子，在地面上空每天旋转一周，地是不动的。“浑天说”认为：日月星辰都依附在一个“天球”上，白天太阳升到人们面对的这边来，夜晚太阳落到地球背面，星星升起来。这些说法究竟哪个才是正确的？宇宙中还有哪些奥秘？一大堆疑问，使张衡无心欣赏美丽的夜色。

经过长期观察星象和研究前人的理论，张衡认为：仅汉武帝时期的落下闳提出的浑天理论比较可信。相传汉宣帝时期的耿寿昌还根据这个理论发明了浑象。

这天，张衡想上灵台看看浑天仪，不料，管理灵台的太监却告诉他说：“太史，浑天仪坏了。”张衡奇怪地问：“我听说前些时候，贾逵中侍中才为它加了一圈黄道环，怎么又坏了？”太监回答：“浑天仪最近老是不灵，我们也不知道怎么回事。”

张衡说：“带我去看看吧!”上了灵台，张衡在仔细地检查了浑天仪后发现，由于长期风吹雨打，缺乏维护，浑天仪有些破损。他冷静地说：“看样子得试着改进一下，做一个新的浑天仪了。”

张衡在西汉天文学家耿寿昌研制的浑象的基础上制作了一个浑天仪的模型，并在模型上标示了南北极、赤道、日月星辰、二十八星宿和二十四节气等。

张衡利用这个竹制的浑天仪，观察、记录天体的运行规律，但怎么解决浑天仪易破损的问题一直困扰着张衡。在经过反复试验、修正后，他决定用精铜铸造一个比较坚固耐用的浑天仪。

一年后，铜铸浑天仪做好了。铜铸浑天仪的主体部分是一个大铜球，有一根铁轴贯穿球心。球面上清清楚楚地标注着南北极、赤道、日月星辰、二十四节气等信息。

为了使浑天仪能够按照时刻自行运转，张衡费尽心思，设计了一组滴漏壶，利用水力推动齿轮带动浑天仪各环旋转，使其正确反映天象的变化。为了防止露水流入和太阳照射使水分蒸发，影响水的流量，张衡命人将浑天仪摆在密室里。

很多人怀疑水运浑天仪的准确度，“它能正确反映天象吗？”“是啊，我也不太相信……”面对大家的疑问，张衡说：“好，我来证明！”

夜晚，天空中布满了一闪一闪的星星，张衡看看时候差不多了，便要求人们上灵台观察星象。他自己则留在密室观察浑天仪，大声报说星象位置，互相印证。

结果，事实证明浑天仪果然能正确地反映天象。这下，原本不相信浑天仪或对浑天仪的效果半信半疑的人不得不心服口服，纷纷竖起大拇指称赞张衡。

张衡还将自己的研究经验写成《灵宪》和《浑天仪图注》，为后人留下记录。虽然，以今天的观点来看，他的主张并不完全正确，但在当时已经是相当先进的了。

根据史书记载，东汉时期，从公元92年到公元125年期间，共发生了26次大地震。地震是自然灾害之一，人们很难逃避。每次发生大地震，总是造成许多人员伤亡，使得人们对它怀着很深的恐惧。

当时的人们相信，地震的发生是因为人类有不当的行为，触怒了神灵，使得上天降下灾祸惩罚人类。因此，一遇到地震，不管是皇帝、朝廷官吏还是百姓，都会烧香拜佛，祷告天地，希望能免去灾祸。

这天晚上，张衡和家人聚在一起，悠闲地聊天、饮酒，气氛和谐融洽。

突然，大地开始摇晃，酒杯、碗筷乒乒乓乓地震掉到地上。大人们惊慌失措，小孩子早就吓得号啕大哭。张衡镇定地指挥：“快跑！到空旷的地方去!”

张衡与家人由于躲避及时，侥幸地逃过了这场浩劫。可是，并不是所有人都这么幸运。这次地震造成了严重的损失，无数的房屋倒塌，很多人无家可归，伤亡者更是不计其数。不久瘟疫开始蔓延。

原本繁华热闹的洛阳城，一下子变成了人间地狱。目睹这样的惨状，张衡心中难过极了。他心想：地震是一种自然现象，如果能够事先知道地震什么时候发生，及时告知人们，一定可以减少地震带来的损失和人员伤亡。

张衡开始研究，希望能制造一种仪器，可以预报地震的发生。经过几年的艰苦努力，公元132年，55岁的张衡终于成功地制造出世界上第一架预测地震的仪器——候风地动仪。

候风地动仪很像一个大酒樽，中间部分直径八尺（约2.7米）。候风地动仪里面设有机关，外部设有8条龙。每条龙口里都含着铜珠，各自向着不同方位盘踞着。每条龙下面，分别蹲着一只张口向上望的蟾蜍。如果哪个方位发生了地震，那个方位的那条龙嘴里的龙珠就会掉进蟾蜍的嘴里，并发出示警声响。

当时，候风地动仪并没有被重视，反而招来大臣们的议论、讥笑。“哼！那个大酒樽，能预测地震才怪！”“是呀，我看是张衡想升官，故意玩弄的伎俩！”听到这些言语，张衡失望极了。

不料，就在地动仪制作完成后的第六年，有一天地动仪响了。负责看管地动仪的小太监发现后，连忙跑去告诉太史令：“报……报告太史！地…动……仪发出警讯了！”小太监上气不接下气地说着。

可是，洛阳城里没有人感觉到地震了。新任的太史令将信将疑地问："有人感觉到地震了吗？"周围的人异口同声地回答："没有，一点感觉也没有啊！"大伙儿议论纷纷，有人趁机说张衡的地动仪不可靠。

这时正在河间王刘政的郡国当宰相的张衡，听到京师传来地动仪误报的消息，连忙翻出过去的研究记录、著作，不眠不休地检查核校，却找不到地动仪误报的原因。

过了几天，从西北快马传来了消息：距洛阳千里外的陇西一带发生了大地震，请求朝廷派人抗震救灾。

大家这才猛然想起，前几天地动仪预先示警的事。太史令连忙下令：“快拿地动仪的记录来！”通过将候风地动仪的记录和实际地震报告比对，发现时间、方向都对应上了。这时大家才知道，地动仪果然有效！

消息一经传出，张衡赢得了无数人的赞叹与敬佩。但是，这时的张衡已无意继续做官，于是他写了《归田赋》，将其呈给皇帝，请求准许他退休。皇帝很敬仰他的德行及才学，舍不得让他退休，下诏要他回都城担任尚书一职，以便随时向他请教。

第二年（公元139年），张衡与世长辞。后人为了纪念他，便在他少年时代常去念书的地方，建了一座“平子读书台”（平子是张衡的字），供人凭吊。

穿越历史的仰望

马钧

巧匠终成机械制造家

步印童书馆 著/绘

電子工業出版社
Publishing House of Electronics Industry
北京·BEIJING

图书在版编目（CIP）数据

马钧：巧匠终成机械制造家 / 步印童书馆著、绘. --北京：电子工业出版社，2022.3
（穿越历史的仰望）
ISBN 978-7-121-42810-4

Ⅰ. ①马…　Ⅱ. ①步…　Ⅲ. ①马钧－生平事迹－少儿读物　Ⅳ. ①K826.16-49

中国版本图书馆CIP数据核字（2022）第018411号

本书插画只作为情节气氛的渲染烘托，不作为名物考证的依据。
特别鸣谢本书主要创作者郑利强先生。

责任编辑：季　萌　　特约编辑：田学清
印　　刷：汇昌印刷（天津）有限公司
装　　订：汇昌印刷（天津）有限公司
出版发行：电子工业出版社
　　　　　北京市海淀区万寿路173信箱　邮编：100036
开　　本：889×1194　1/16　　印张：42.25　　字数：285.4千字
版　　次：2022年3月第1版
印　　次：2022年11月第2次印刷
定　　价：268.00元（全15册）

凡所购买电子工业出版社图书有缺损问题，请向购买书店调换。若书店售缺，请与本社发行部联系，联系及邮购电话：（010）88254888，88258888。

质量投诉请发邮件至zlts@phei.com.cn，盗版侵权举报请发邮件至dbqq@phei.com.cn。

本书咨询联系方式：（010）88254161转1860，jimeng@phei.com.cn。

马钧

马钧是三国时期曹魏的发明家。马钧小的时候家境贫寒，还有口吃的毛病，但是擅长动手和思考。他还原了远古时期的指南车，改进了当时操作笨重的织绫机，还发明了由低处向高处引水的龙骨水车，他还改造了军事武器——诸葛连弩，在手工业机械、农业用具和军事兵器制造方面都有所创造，堪称一代机械大师，是我国古代科技史上最负盛名的机械发明家之一。

马钧是怎么想到要进行这些发明创造，并且成为久负盛名的机械发明家的呢？请看看下面的故事吧！

一提到指南车，大家一定会想到黄帝。传说，黄帝在对抗蚩尤的战役中遇到了浓雾，他运用才智，制作指南车来辨识方向，战胜了蚩尤。不过，根据史料记载，指南车真正的发明者，应该是三国时代的马钧。

马钧是魏国的扶风（今陕西省）人。马钧天生就有科学家的头脑，每当遇到困难时，他都能够动脑筋，想出解决问题的办法。

由于马钧沉默寡言，不善言辞，外表木讷却又聪敏过人，常常有惊人的巧思，所以使人觉得他深藏不露。

在马钧的家乡，很多人都以纺织为生。著名的丝绸之路就经过这里。当时人们纺织使用的织绫机，是汉代人陈宝光的妻子发明的。这种机器非常笨重，效率也不高。

它的主要缺点是提起经线的踏板数量太多，如果要用120根经线织绫，机器上就得有120块踏板。每穿织一根经纬线，就得依次踩动120块踏板。一天织下来，人们的两腿会疼痛不已，并且要花费很多时间。马钧对机械很感兴趣，他看到大家织得这么辛苦，觉得应该想办法改进这种机器。

马钧仔仔细细地观察这部机器，经过反复实验，他将织绫机的踏板减少到了12块，人们用12块踏板就可以控制整个机器。改良后，新织绫机的效率比旧织绫机的效率高很多，使用起来既省力又高效。

很快人们知道经马钧改良过的织绫机操作起来效率高又省力，纷纷争相模仿制造。于是新的织绫机渐渐在农村推广开来。后来，有人在马钧改良的织绫机的基础上，进一步改进，造出了只有两块踏板的织绫机，这种机器一直被人们使用到了20世纪初。

马钧除了非常聪明，还非常勤奋，他读了很多书，成为博学多识的学者。后来，魏明帝将他调到都城洛阳，任命他为给事中，给事中就是皇帝的顾问。

在一天的早会上，他和常侍高堂隆、骁骑将军秦郎有了争论。高堂隆说：“古书上说，黄帝制造指南车，战胜了蚩尤。周公也曾经制造指南车，引导越裳氏的使节回国。这都是传说，不可信！”

马钧不服地说：“古时候很可能有指南车，只是后来的人没有继续深入研究而致其失传。”

高堂隆和秦郎根本不相信这回事，高堂隆还嘲笑马钧：“你本名钧，字德衡。钧是制陶器时所用的转轮，衡是称量东西轻重的器具，看这名字就像是造物高手。那你就造一辆指南车，给我们瞧瞧吧？”

马钧知道辩不过他们，便严肃地回答：“争辩这些都是空话，不妨让我试一试，用事实来说话吧！”

谁知道，高堂隆、秦郎两个人，早就嫉妒马钧的才华，存心戏弄，要让马钧出丑。听马钧这么一说，他们就把这件事告诉了皇帝，请皇帝命马钧制造指南车。这样一来，如果马钧造不出指南车，就犯下了欺君之罪。

得到了魏明帝的命令后，马钧开始制造指南车。但是，古书上关于指南车的记载非常简略，没有关于指南车内部结构的图文说明。

不过，这些困难并没有使马钧退缩。他虽然不善言辞，却满怀追求真理的科学精神。为了证实自己的想法，他阅读了大量书籍，不分日夜地埋头设计，画了一张又一张草图。

皇天不负苦心人，马钧终于凭着自己的构想，运用差速齿轮的原理，设计出一套齿轮，装在车的内部。只要事先将车上的木人的手指拨向南方，无论车辆如何行进，木人的手指都始终指向正南。差速齿轮的原理，直到19世纪，才在西方首次运用。

指南车在皇帝面前公开测试。这辆指南车果然灵敏无比！不论车辆如何行进，车上的小木人的手指始终正确地指向南方。这下，原本想看马钧笑话的官员们，都无话可说了。

有一年，有个人进贡了一套木偶给皇帝。这套木偶制作得非常精巧，人物雕刻得栩栩如生，可惜只是摆设，不能表演。

皇帝特地找来了马钧，问：“你可不可以让它们活动起来呢？”马钧拿起木偶，仔仔细细地观察了好一会儿，回答：“可以。”

皇帝又问：“那么，你能不能让它们演戏呢？”马钧说：“能。”奉了皇帝的命令，马钧立刻开始着手设计。

花了几天的工夫，马钧设计了一个舞台，在舞台的下部，装了一些木头轮轴，把所有的木偶分别装在轮轴上，再利用水力转动轮轴，使木偶活动起来。

设计完成后，马钧把木偶戏台搬到皇宫里，在皇帝及文武百官的面前，公开进行表演。当他按动开关，只见木偶灵巧地活动起来了，在舞台上击鼓、吹箫、舞剑、倒立走绳索……变化多端，热闹有趣！

其中，尤其以百官行署、农夫舂米和民间斗鸡的表演，最为精彩，皇帝和文武百官看得目瞪口呆。

这套有趣的活动木偶，叫作“水转百戏”。从此，皇宫和民间都将这种木偶戏作为节日庆典的娱乐活动之一。机械大师马钧的名声也随之家喻户晓。

当时，魏国和蜀国经常打仗。蜀国的丞相诸葛亮发明了一种叫“连弩”的新武器。它可以连续发射很多支箭，对魏国军队造成了很大的威胁。

马钧听到魏军遭遇新式武器的威胁，却想不出破解的办法。他即刻赶往战场，希望能贡献一点力量，想出破解困境的办法。

他到战场看到了连弩后，很有自信地说：“诸葛亮发明的连弩虽然精巧，却不是十全十美的，还有必须改进的地方。”

从战场回来后，马钧反复地思索。他想：或许可以将连弩和古代的发石车加以改造，将二者结合起来，形成新武器。他计划做一个机械转动的鼓轮，在里面摆放数十块石头，利用连弩的机能，连续发射石块，闪电般地袭击敌人的城楼。

当马钧提出这个构想时，大家并不重视，甚至对此持怀疑的态度。就这样，这个构想没有被付诸实践。

我国自古以农立国。在古代，由于缺乏完善的灌溉系统，地势高的田地无法获得充足的水分，务农的人只好看天吃饭，靠雨水灌溉，否则就只能任由田地荒芜。

为了解决这个难题，古代有一种简单的灌溉工具，叫作“挑杆子”。这种汲水装置的原理很简单，只要做一个大的三脚架，在上面放一根横杆，一端挂着汲水的木桶，在另一端绑一块大石头，装置就算完成了。

汲水时，把绑着石头的一端提高，让水桶降低放入水中。盛满水后，再利用石头的重力，提升挂着水桶的一端，把水倒进较高的田沟里。

这样一桶一桶地汲水，不但费时费力，而且水量也有限。要是遇到干旱的夏季，有时水还没提上来，刚倒下的水就被泥土吸收了，虽然灌溉工作十分辛苦，但是没有多少效用。

马钧在书上看到前人造翻车来取水灌溉。他仔细地勘察地势地貌，想通过改进翻车来解决这一难题。

经过日夜苦思，马钧画了一张又一张设计图纸，在自家庭院中做了一个又一个模型。在经过反复试验后，马钧终于制造出更为轻便实用的龙骨水车。

水车制造完成后，马钧为了证明这种装置轻巧、省力，特意让小孩儿上去踩动水车汲水。

许多人听说马钧做了一辆很特别的水车，纷纷跑去一探究竟。人们看到这种水车能够轻松地汲水，既灵巧又方便，不禁啧啧称奇。

后来这种水车在农村被普遍使用，成为农业技术方面的一项重大改革。一直到20世纪，这种水车在中国农村地区还被广泛使用。原本荒废的山坡地，因为灌溉问题的解决，纷纷被种上了农作物。

当时有一位地理学家裴秀，不但博学多闻，而且能言善辩，在学术界很有威望，他对于马钧的种种构想很怀疑，常常当面与马钧辩论，马钧不善言辞，只好尽量躲着他，裴秀知道马钧躲着自己，心里更加得意了。

著名的学者傅玄见到这样的情形，为马钧打抱不平。一次，傅玄对裴秀说：“你擅长辩论，而马钧擅长的是创新，你以自己的长处攻击他的短处，当然能赢他。要是比创新，你可不见得赢得了他！”

看到裴秀的脸上一阵青、一阵白，傅玄补充道："马钧是因为谦虚，才让着你，不跟你争长短。"裴秀被说得一句话也说不上来，只好惭愧地走了。

其实不只是裴秀，由于当时盛行空谈，一些学者乃至朝廷的大官，只重视口舌之争，对于科学技术的革新却不屑一顾。

马钧的一些科学技术上的构想，如改造连弩和发射车的想法，始终不被当时的权贵及学者所重视，一代机械发明大师的智慧成果就这样被埋没了！至于他所制造的指南车，后来也在战乱中失传了。

穿越历史的仰望

鲁班

藏在木头里的奇思妙想

步印童书馆 著/绘

電子工業出版社
Publishing House of Electronics Industry
北京·BEIJING

图书在版编目（CIP）数据
鲁班：藏在木头里的奇思妙想 / 步印童书馆著、绘. --北京：电子工业出版社，2022.3
（穿越历史的仰望）
ISBN 978-7-121-42810-4

Ⅰ. ①鲁…　Ⅱ. ①步…　Ⅲ. ①公输般（约前507年-前444年）—生平事迹—少儿读物
Ⅳ. ①K826.16-49

中国版本图书馆CIP数据核字（2022）第018412号

本书插画只作为情节气氛的渲染烘托，不作为名物考证的依据。
特别鸣谢本书主要创作者郑利强先生。

责任编辑：季　萌　　特约编辑：田学清
印　　刷：汇昌印刷（天津）有限公司
装　　订：汇昌印刷（天津）有限公司
出版发行：电子工业出版社
　　　　　北京市海淀区万寿路173信箱　邮编：100036
开　　本：889×1194　1/16　　印张：42.25　　字数：285.4千字
版　　次：2022年3月第1版
印　　次：2022年11月第2次印刷
定　　价：268.00元（全15册）

凡所购买电子工业出版社图书有缺损问题，请向购买书店调换。若书店售缺，请与本社发行部联系，联系及邮购电话：（010）88254888，88258888。
质量投诉请发邮件至zlts@phei.com.cn，盗版侵权举报请发邮件至dbqq@phei.com.cn。
本书咨询联系方式：（010）88254161转1860，jimeng@phei.com.cn。

鲁班

鲁班是春秋时期鲁国人，本名叫公输般。因为他是鲁国人，班和般又同音，所以大家习惯叫他鲁班。现在木工师傅们用的很多手工工具，如刨子、铲子等，据说都是他发明的。我国建筑行业工程质量的最高荣誉奖“鲁班奖”就是以他的名字命名的。直到现在，土木工匠都称鲁班为祖师爷呢！

收听全部音频请使用微信
扫描上方小程序码

太阳刚刚露出红红的脸，小鸟叽叽喳喳地叫着。十岁的鲁班快速起床、穿衣，匆匆忙忙地吃完早餐，就跑到工作坊了。他决定今天做一个特别的、和爸爸做得不一样的箱子！

他量尺寸、削木材，敲敲打打干得十分起劲。当萤火虫“提着灯笼”出来夜游时，一个精美的箱子已经制作完成了。

鲁班把木箱子送给了妹妹，并对妹妹说：“把你的针线盒放到箱子里，就不会弄丢了。”妹妹高兴地连忙道谢。鲁班小时候就是这样一个热心、勤劳、惹人疼爱的好孩子。

鲁班生长在一个工匠家庭里，从小跟着爷爷、爸爸、伯伯和叔叔们学习做木工。他十分喜爱做木工，小小年纪就做了很多外观精美的小木箱、小木柜，让大人们十分惊讶，对他连连称赞。

鲁班深深地陶醉在木头的世界里，常常创造出与众不同的木器，令人赞叹不已。几年的工夫，他的手艺已经非常好了。

鲁班从小就跟随家人参加过许多土木工程劳动，经常与木头打交道，然而在鲁班以前，怎样使木头成为木板、怎样使木板既平整又光滑等问题并没有人能够解决。虽然在鲁班的时代，人类已经有了铜制工具和铁制工具，但是这些工具并不能把木头迅速砍断，也不能使木板变得特别光滑。

有一年，鲁国国君想要盖一座庞大的宫殿。他听说鲁班的木工技艺非常精湛，就命令鲁班带领工匠们一同建造宫殿。国君还特别交代：“要按时完工！”

建造庞大的宫殿，要用很多木材，鲁班率领工匠们到山上砍伐树木。砍呀砍呀，斧头钝了，人也累了，砍下来的木材的数量还是那么少，根本不够用！鲁班焦急万分，不知该怎么办才好。

一天清晨，鲁班急急忙忙地往山上跑，一心只想多砍些木材，根本没有仔细看路。一不小心，他的衣服被茅草钩住了，他用手一扯，突然一阵刺疼，手指被割破了，伤口处鲜血直流。

鲁班摘下茅草轻轻一摸，不禁惊讶地叫道：

“噢！原来是茅草叶子两边锋利的齿把我的手划破的。”

这时，鲁班又看到一株野草上有只大蝗虫，两颗大牙一开一合地吃着草叶。鲁班捉住它，观察了很久，若有所思地说：

“蝗虫的两颗大门牙上，也有许多小齿，它就是这样咬断草叶的啊！”

这些发现让鲁班想到了一个好点子。

他急着实践新点子，便马上拿起斧头，砍下一根竹子并将竹筒削成竹片，在竹片边缘削出一排锋利的尖齿。

他用这条有尖齿的竹片，在树皮上来回地拉，果然轻易地将树皮割破。再用力拉几下，小树干就被划出了一道深沟。可是，竹片的硬度终究比较差，拉了一会儿，小尖齿有的断了，有的钝了，无法继续使用。

鲁班停下工作，坐在树下，一会儿看看竹片上的尖齿，一会儿摸摸茅草的叶子。鲁班心想：“如果用比竹片硬度更好的东西代替它，问题不就解决了吗？”

于是，他拿着这些东西，飞快地往山下跑。

当时的人们已经掌握了炼铁技术，但是，铁制品还没有被广泛应用。鲁班想到可以用硬度更高的铁片来代替竹片，就立即下山，他气喘吁吁地跑到了打铁铺，请铁匠打造有尖齿的铁片。鲁班在旁边指点铁匠，在费了一番功夫后，令鲁班心仪的铁片终于造好了。

他把带小尖齿的铁片拿到山上来试验。他和他的徒弟一人拉一端，在一棵树的树干上来来回回地拉了起来，不久，树干就被锯断了。

可是，这铁片也不太坚固，锯了没一会儿，铁片就弯了。

为了让铁片保持直挺，鲁班做了一副木框，套在铁片两头，将铁片固定。这样一来，锯起树来既方便又快速。这可能是世界上第一把锯子！

鲁班照这个模式做出了很多锯子并将其发给工人们。大家拿着锯子锯树、锯木板，大大加快了施工的速度。不久，宫殿造好了。

鲁班的手艺很精湛，三两下就能把木料按照需要修整好。可是，遇到纹路很粗或伤疤很多的木料，修整木料可就没这么容易了。

斧头虽然可以砍断木料，但稍微用力就会把木料弄坏。这个问题令鲁班十分头疼。他一直想做一个方便削木头的工具。

鲁班试着打磨了一把小小的斧头，在上面盖了一块铁片，只露出窄窄的刀刃。然后用这个窄刃在木头上来回推着，木料的表面很快就变得既平整又光滑了。鲁班给这个薄斧片装上木座，做成了世界上第一把刨（bào）子。

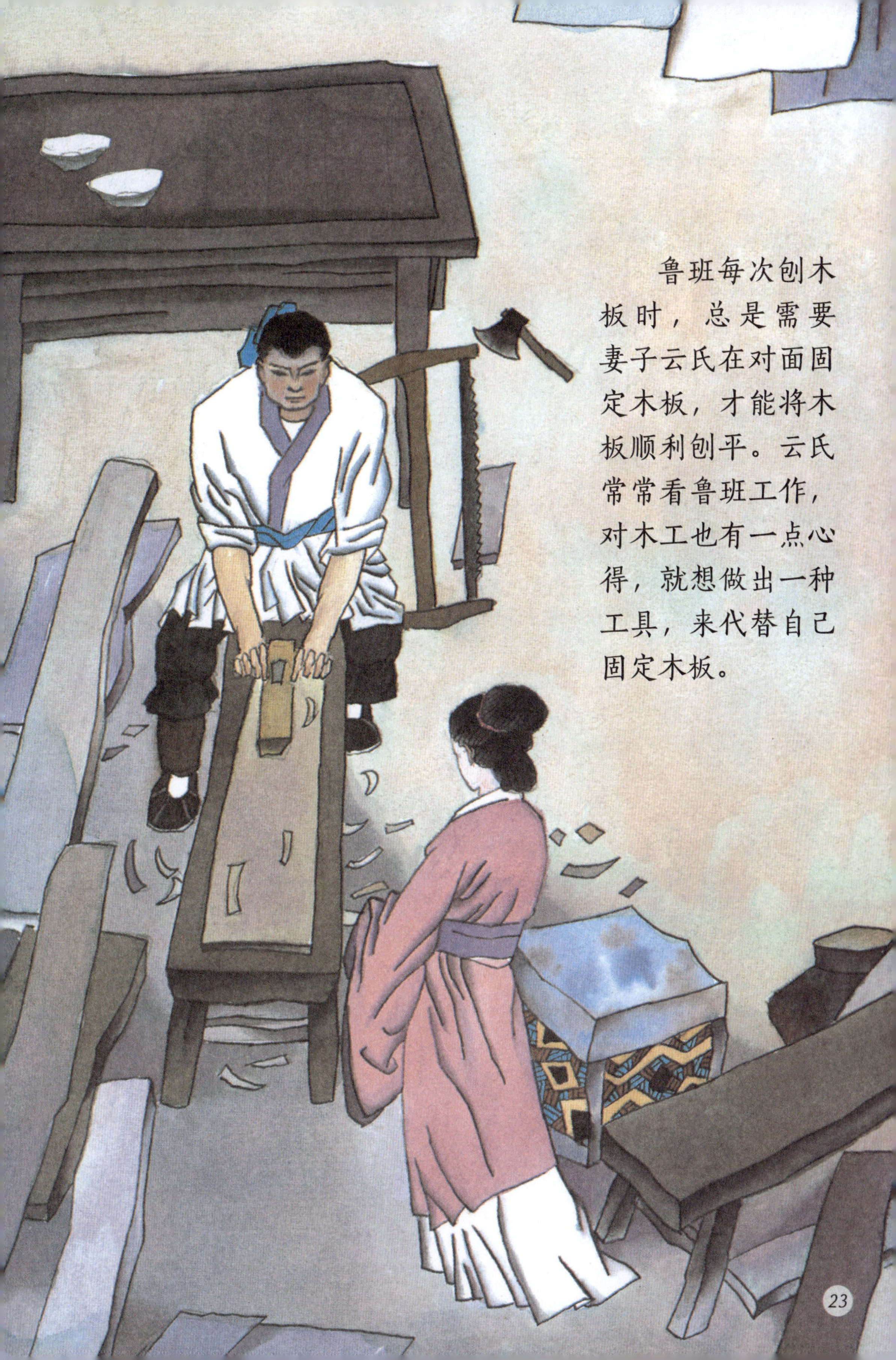

鲁班每次刨木板时，总是需要妻子云氏在对面固定木板，才能将木板顺利刨平。云氏常常看鲁班工作，对木工也有一点心得，就想做出一种工具，来代替自己固定木板。

云氏经过反复试验后发现，在工作台上钉一个小木桩，可以顶住活动的木板。这样鲁班用刨子刨木头时，木头一点儿也不会滑动。后来，这种固定木板的小木桩，被人们叫作“班妻”。

鲁班每次在木板上弹印墨线，都要请母亲帮忙抓住墨线的一端。有时候，母亲忙着缝衣煮饭，也要放下手中的工作过来帮忙，非常不方便。

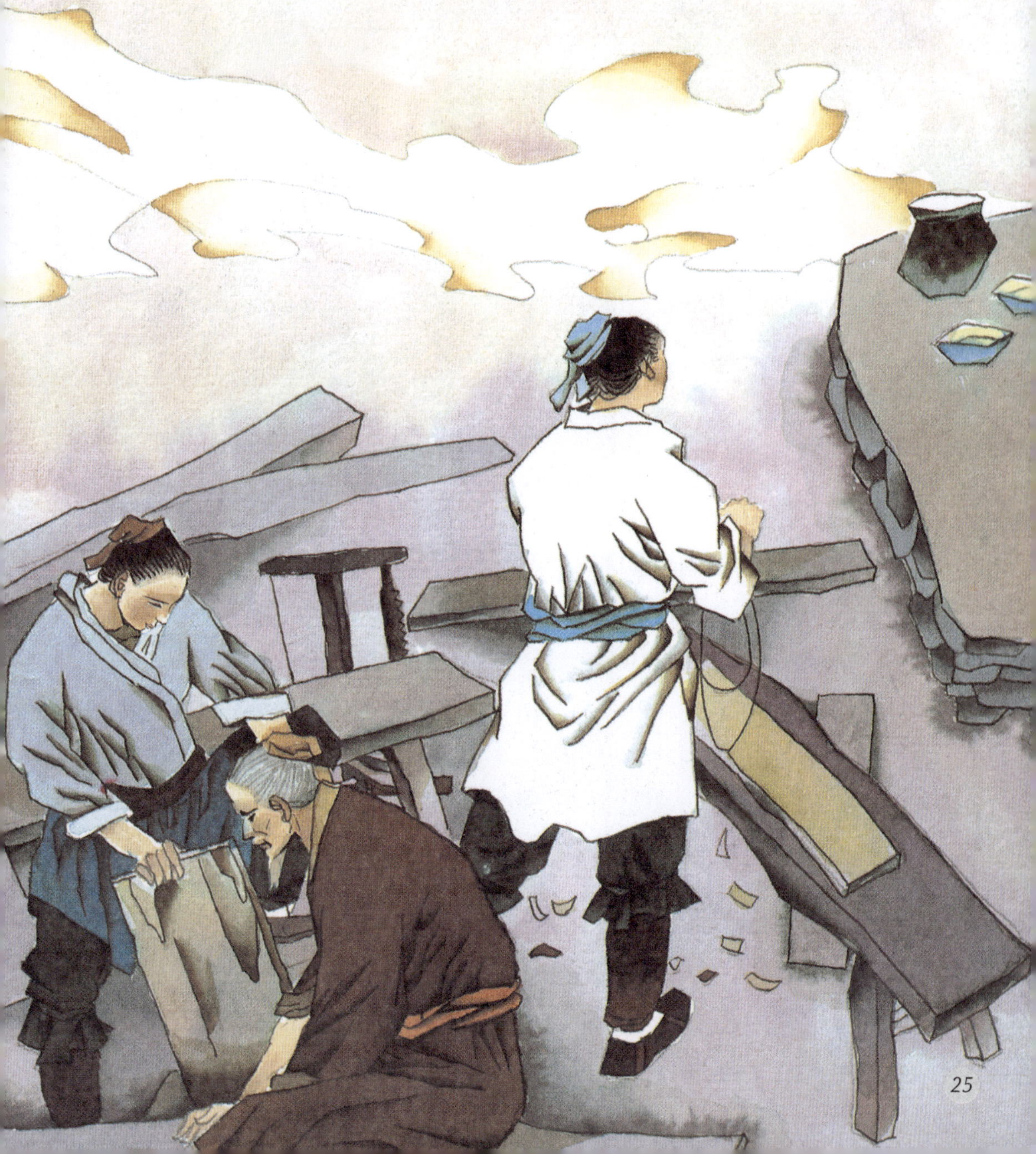

一天，母亲对鲁班说：“你做一个小钩子，钩住墨线，不就可以代替我的手了吗？”

鲁班一听，觉得母亲说得很有道理，马上动手做了一个小钩子，钩住墨线的一端。这样一来，一个人也可以弹印墨线了。人们都叫这个小钩子“班母”。

在鲁班那个时代，人们已经发明了画圆的规和画直线的矩。木匠在工作的时候，常常要画直角。鲁班觉得用矩的时候，需要左量右量，量好几遍才能画出正确的直角，非常不方便。

经过一番思考，鲁班做了一把转折处是直角的L形木尺。用它量直角，既快速又准确，非常方便。后人把这种木尺叫作“鲁班尺”。

鲁班的工作既辛苦又忙碌，但在工作之余，他仍然不断地运用智慧，设计出各种方便工作的器具。据说，凿子、钻子等木工工具，都是鲁班发明的。

夏天，鲁班和工匠们外出工作时常常被雨淋湿。有一次，鲁班冒着大雨回到家，感染了风寒，差一点恶化成肺炎。幸好，经过细心的调养，鲁班最终痊愈了。

他的妻子云氏心里暗暗担心：这样下去怎么得了！是不是可以做个能活动的“屋子”，让他随身带着走呢？这天，她到工地送饭，看见鲁班正在盖一个亭子，她看着看着，突然想到了一个好方法！

云氏让鲁班砍些竹子，她将竹子劈成细细的竹条，然后在细竹条上固定一层兽皮，做成了一座活动的“小亭子”。“小亭子”合起来像一根棍子，张开来像一个圆盖子。这就是最早的伞。

云氏把它交给鲁班说："以后你外出工作时带着它，就不怕下雨、下雪了。"鲁班带着云氏发明的伞，到处做工，走了好多地方。人们看到可以遮雨挡雪的伞，都觉得它既新奇又实用。

鲁班和他的妻子，都善于发现在日常生活中人们会遇到的难题，然后动脑筋解决难题。

在当时，人们要想吃面食，必须花费很大的力气用石臼（jiù）、石杵（chǔ）将麦粒捣碎，做成面粉。麦粒是椭圆形的小粒，人们用力太小，麦子砸不碎，用力太大，麦粒又会被砸跑了。怎样才能解决这个问题呢？鲁班想了很久，也没有想出办法。

这天，鲁班看到一个汗流浃背的老妇人拿着石杵，正在吃力地捣麦粒。

老妇人力气小，她奋力举起石杵，捣了一小会儿，就累得气喘吁吁了。她只能放下石杵，以摇动石杵的方式来研磨石臼里的麦粒。老妇人的这种举动引起了鲁班的深思。

他回到家里，找来两块大石头，将它们凿成两个圆盘。他在两个圆盘面上，凿出一道道齿槽，在圆盘中间挖个洞，放入麦粒，上面的石盘一转动，麦粒就被碾碎了。鲁班在石盘中心装了一个轴，在轴的另一端接上长木棍，这样人们推动石磨时更省力。

有了磨，人们的生活更加便利了。

鲁班不仅是一位能制造各种生活用具的能工巧匠，还是一位杰出的机械发明家。根据《墨子》这本书的记载，鲁班曾经用竹子和木头制成了一只“木鸟”。“木鸟”飞到天上去，三天都不落下来。

后来，墨子花了三年时间也做了一只“木鸟”，可是，这只“木鸟”只飞了一天就坏了。可见，墨子的技术远不如鲁班。这种木鸟，在当时实在是令人惊奇的发明，也说明了两千多年前的中国人已经有了征服辽阔天空的可贵精神。

鲁班还擅长发明武器。鲁班所处的春秋时代，各国诸侯为了争夺领土，彼此征战不休。鲁班曾经为楚国发明了攻城用的云梯。借助云梯，楚国的战士们可以攀登很高的城墙。这也增加了楚王攻打宋国的信心。

反对战争的墨子听到这个消息后，立刻动身从宋国前往楚国，希望能说服楚王不要攻打宋国。楚国和宋国两地相隔几百里，路途非常遥远。

墨子没有钱买车马，只好靠着双腿一步步向楚国走去。脚磨破了，他便撕下衣服的袖摆，把伤口包好，一瘸一拐地继续赶路。这样连续走了十天十夜，墨子终于赶到楚国，找到了鲁班。

鲁班问他：

“你千里迢迢地跑来找我，有什么事吗？”

“北方有个人欺负我，请你帮我教训教训他。”墨子说。

鲁班一听愣了一下，墨子接着又说：

“事成以后，我会给你十两黄金作为酬劳，你愿不愿意？”

“我是讲道义的，怎么可以帮助你做坏事呢？”鲁班严肃地说。

墨子听到鲁班这句话，马上接过来说：

“你讲义气，不肯随便做坏事，这很好。但是，我却听说你发明了攻城的云梯，要帮楚国攻打宋国。我问你，宋国有什么罪？楚国的疆域那么大，你们还要去夺占别国的土地。你口口声声说不愿意做不义的事，却帮助楚国去杀更多的人，实在是很不讲情义呀！”

鲁班认为墨子说得有理，默默地低头思考。墨子又劝他说：

“你赶快停止做云梯吧。”

鲁班摇摇头，说：

“太迟了，我已经把云梯造好，献给楚王了。”

墨子便请求鲁班带他去见楚王，极力劝楚王不要攻打宋国。但楚王以花了大量金钱造云梯为由，不甘心放弃。

墨子只好换一个角度，说道：

“大王觉得楚国一定能赢吗？”

“哈哈！当然。有了鲁班发明的云梯，楚国的将士能够攀上城楼。”楚王自信地说。

“既然大王这么有自信，那么让我和鲁班在大王面前演示一下，看看云梯是不是真有您想象的那么厉害，可以吗？”

“好啊！太有意思了。”楚王爽快地答应了。

于是，鲁班用腰带在桌子上围成一座城池，用小竹片当作攻城的武器—云梯，两人就在楚王面前较量攻城、守城的战术。鲁班九次改变攻城的方法，都被墨子的守城战术一一化解了。鲁班再也想不出新的攻城方法，而墨子的防御法却还多得很。最后，楚王无可奈何地说：“既然如此，我就不攻打宋国了。”

后来，受到墨子“兼爱”“非攻”思想的影响，鲁班不再制造武器。

鲁班发明的东西很多，除了前面提到的那些，他还发明了锁钥（yuè）。在鲁班发明锁钥以前，古人已经开始使用锁，但是锁的结构简单，很容易被打开。鲁班则把锁做成螺蚌（luó bàng）的形状，在里面设置机关，这样如果没有钥匙，就打不开锁了。

据说，鲁班的母亲去世以后，鲁班造了一只木马，只要按动开关，木马就能够在路上自动行走。鲁班把母亲的遗体放在木马拉着的车里，送到遥远的地方埋葬。这一举动在当时震惊了世人。后来鲁班发明的很多机械的制造方法虽然失传了，但是，他的创新精神，一直为后人津津乐道。

多才多艺的鲁班还是建造桥梁的高手，他带领工匠们建造了许多桥。

他还在石头上刻出了“九州图”，这大概是我国最早的立体石刻地图。

大家很熟悉的成语“班门弄斧”，也和鲁班有关。

春秋时期，鲁国有一个十分自负的年轻木匠，总是喜欢在街市上展示自己的作品，并且自吹自擂，认为没有人能比得上他的雕刻技术。

有一次，他又在街上吹嘘炫耀：

“各位乡亲！请过来看看我的作品，这件木雕是多么精美啊，再也没有人能雕刻出这么精致的作品了！”

听到了他的宣传，许多人都围过来看，不一会儿，他们就都摇着头散开了。其中一位慈祥的老年人温和地告诉他：

“年轻人，你为什么不到后面公输般的家里去参观参观呢？”

年轻的木匠转过头，看到一座豪华的宅院，宅前的柱子精雕细琢、十分精美。进入宅内，眼前的一切不禁使他目瞪口呆，一件件“鬼斧神工”的木工制品，使他忍不住惊叹：

“这才是真正的巧夺天工呀！”

在仔细地观赏了这些作品后，年轻人羞愧地离去，从此，他再也不敢到街上卖弄炫耀了。

所以，后人形容那些不自量力、高估自己能力的人为“班门弄斧”。不过，这个成语有时也可以用来表示自谦，譬如在专家面前，想要表述自己的想法，或是评论某件事情时，便可以谦称自己是“班门弄斧”。

鲁班的发明创造受到了大家的赞赏，人人都夸奖他是巧匠。他所发明的木工工具也一直流传至今，经过后人的改良，这些工具在手工业、建筑业中都发挥了很大的作用。因此，人们尊鲁班为中国土木工匠的祖师爷。

穿越历史的仰望

祖冲之

发现月亮
变“胖”变“瘦”的规律

步印童书馆 著/绘

電子工業出版社
Publishing House of Electronics Industry
北京·BEIJING

图书在版编目（CIP）数据
祖冲之：发现月亮变“胖”变“瘦”的规律 / 步印童书馆著、绘. --北京：电子工业出版社，2022.3
（穿越历史的仰望）
ISBN 978-7-121-42810-4

Ⅰ. ①祖…　Ⅱ. ①步…　Ⅲ. ①祖冲之（429–500）–生平事迹–少儿读物
Ⅳ. ①K826.11-49

中国版本图书馆CIP数据核字（2022）第018413号

本书插画只作为情节气氛的渲染烘托，不作为名物考证的依据。
特别鸣谢本书主要创作者郑利强先生。

责任编辑：季　萌　　特约编辑：田学清
印　　刷：汇昌印刷（天津）有限公司
装　　订：汇昌印刷（天津）有限公司
出版发行：电子工业出版社
　　　　　北京市海淀区万寿路173信箱　邮编：100036
开　　本：889×1194　1/16　　印张：42.25　　字数：285.4千字
版　　次：2022年3月第1版
印　　次：2022年11月第2次印刷
定　　价：268.00元（全15册）

本书咨询联系方式：（010）88254161转1860，jimeng@phei.com.cn。

祖冲之

祖冲之，字文远，南北朝时期杰出的数学家、天文学家。他首次将“圆周率”精算到小数点后第七位，即3.1415926和3.1415927之间。直到16世纪，阿拉伯数学家阿尔·卡西才打破了这一纪录。

收听全部音频请使用微信扫描上方小程序码

你知道圆周率吗？这是指圆的周长和其直径的比。各国数学家都在不断地努力计算圆周率更准确的值，而最先把圆周率计算到小数点后第七位的人，是我国南北朝时期的数学家祖冲之，这远比西方国家早了一千多年呢！

祖冲之的祖父祖昌，是南朝宋国的大匠卿，是主管全国土木工程的官吏。其父祖朔之是掌管历法的官员，学识渊博。有这样良好的家庭环境，祖冲之从小就受到了很好的教育。

祖冲之从小就聪明伶俐，深得祖父的欢心。有一天，祖父准备到工地视察，祖冲之知道了，也吵着要去。拗不过孙子的祖父答应了：“你可得听话，否则下次就不准跟着去！”祖冲之连忙点头。

一路上，祖父的耳朵根本不能清净，祖冲之的小脑袋瓜里，似乎有一箩筐的问题，一直问个不停……

夜晚，祖孙俩坐在院子里乘凉，阵阵凉风吹来，舒服极了。祖冲之扬起小脸，好奇地问："爷爷，为什么月亮有胖有瘦呢？"祖父笑呵呵地摸着小孙子的头说："这可把爷爷问倒了！"

“跟我来，我拿样东西给你。”祖父边说边拉着祖冲之来到书房。只见他在书柜里摸索了一阵子，拿出一卷书递给祖冲之：“乖孙儿，好好读这卷书，你会有意想不到的收获。”

这卷书是东汉的天文学家张衡所写的《灵宪》。祖冲之如获至宝地仔细阅读。从书中他知道了：月亮本身并不发光，它的光，是反射太阳的光。

这天，祖父神秘兮兮地对祖冲之说：“乖孙儿，走！爷爷带你去见一个人！”祖冲之好奇地问：“爷爷，咱们去见什么人呢？”祖父不肯透露，只说：“去了不就知道了吗？”

马车停在一座豪华的宅第前，祖父一看目的地到了，连忙催促祖冲之：“已经到了，下车吧！”原来，祖父带他拜访的人，正是当时著名的天文学家何承天。

何承天热情地招待爷孙二人。他听祖昌说，祖冲之对天文学很有兴趣，不禁问祖冲之：“孩子，你为什么要研究天文呢？”

祖冲之笃定地回答：“我要弄清楚天地间的秘密。”何承天听了，哈哈大笑说：“好，有出息！”接着，又转头对祖昌说：“哈哈，祖兄，你的孙儿真是人小志不小啊！”

中午，何承天领着客人来到院子里，指着竖在院子中的木杆说："看看这个，它叫土圭，用它可以测出太阳在天上的方位和日影的长短。由测得的日影的长短，还可以知道节气的变化。"

聪明的祖冲之，很快便理解了何承天的解说。回到屋里之后，何承天拿杆影的记录给祖冲之看。祖冲之比较了过去几天的杆影后，奇怪地问：“照记录看，昨天的杆影最长，应该是冬至，怎么历书上却说后天才是冬至呢？”

沉默了好一会儿，何承天叹口气说：“现在的历书中，很多内容都与实际的天象不符，因此我想请求皇上修改历法。”说着，他拿着正在修改的历书手稿给祖冲之看。

从此，祖冲之常常上门找何承天请教问题，也顺理成章地成了何承天的得意门生。何承天严谨的治学态度，求真的科学精神，也深深地影响了祖冲之。

时光飞逝，转眼间祖冲之已经二十五岁了，这时他进入“华林学省”从事科学研究。“华林学省”是南朝宋孝武帝兴办的专门的学术研究机构。祖冲之在这里阅读了大量的专业书籍，做了很多专业的研究，为他日后研究天文学及数学奠定了基础。

祖冲之在数学方面很有天赋，他在数学家刘徽的研究基础上，利用割圆术，计算出圆周率的值在3.1415926到3.1415927之间。这可是世界数学史上伟大的贡献！

一天，祖冲之应邀参加了一位大官的寿宴。正当大伙儿喝得酒酣耳热的时候，突然，一阵急促的敲击声从外面传来。

宾客们不知道发生了什么事，全部拥到外面，想看个究竟。原来天空中皎洁的明月，被逐渐扩大的黑影吞噬了！“不好啦，天狗吃月！”“快，快！快敲东西把天狗吓走！”于是宾客纷纷拿出各种器具，疯狂地敲打起来。

祖冲之看了，不禁摇摇头，心里暗自觉得好笑。他知道这些人相当迷信，跟他们说明月食是一种自然现象，只会白费口舌。因此，他悄悄地离开了宴会。

经过了长久的研究，祖冲之终于能够掌握月亮圆缺的规律，准确地预测了月食发生的时间。

一天晚上，祖冲之在上司刘延孙的家里做客，他告诉刘延孙，今晚会有月食。刘延孙看到外面星光灿烂，月亮皎洁，不禁摇摇头说：“今夜星光灿烂，你竟说有月食，我不相信！”

不料，过了一会儿，天空竟然乌云密布，哗啦哗啦地下起了大雨。刘延孙对祖冲之说：“算了！天地间的奥秘，哪里是你我这样的凡人能搞明白的。”

祖冲之并不因此而动摇信心，仍然坚持研究。终于，在公元459年的九月初五，祖冲之所预测的月食应验了！当半信半疑的人们看到那黑影渐渐地、渐渐地遮蔽了月亮时，不由地对祖冲之心生敬佩。

经过几次精密的计算，祖冲之发现，何承天修改的《元嘉历》还是不够精确，因此他开始着手历法修订工作。由于操劳过度，祖冲之生了一场大病，这场大病差点夺去他的性命。病刚好，他又不顾虚弱的身体，继续工作。

到了公元462年，33岁的祖冲之终于完成了《大明历》。他兴冲冲地将新历呈给宋孝武帝，请求颁行《大明历》。

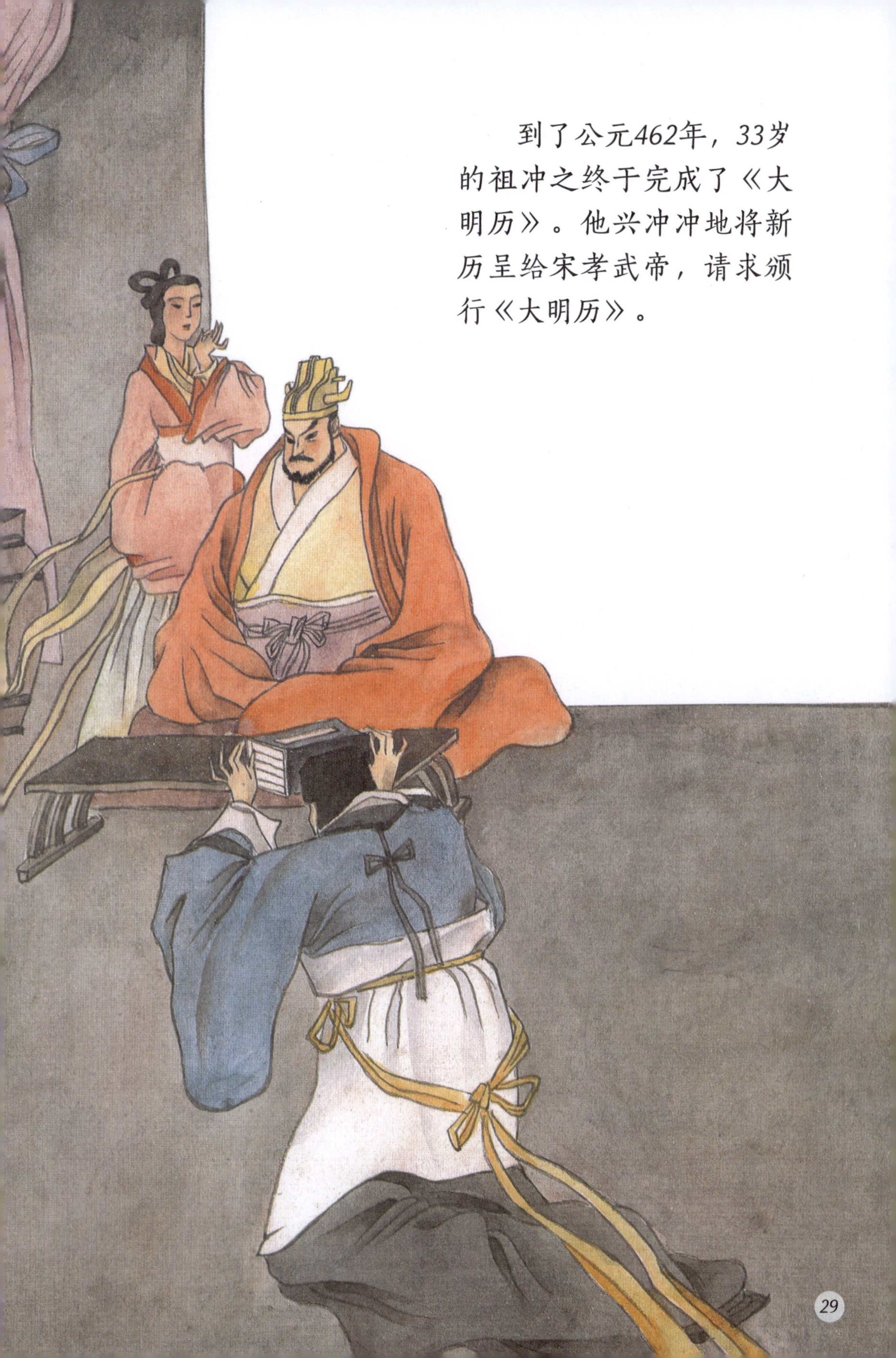

宋孝武帝将《大明历》交给有关的部门讨论。由于《大明历》所述内容完整周密，观察数值相当准确，并且首次提出了“回归年”“交点月”等概念，因此，无人对《大明历》提出质疑。

（回归年指在太阳运动周期中，太阳中心连续两次到达春分点所需要经历的时间。天文学家根据太阳系的运行规律编撰出“万年历”。“交点月”指月亮连续两次经过“黄道”和“白道”的交叉点所需要的时间。“交点月”的提出，对测量日食和月食有很重大的意义。）

这件事传到了守旧派的戴法兴耳里。戴法兴是皇帝的宠臣，拥有相当大的权势。朝廷的官员们都不敢得罪他。他听说祖冲之要修改历法，气愤极了：“不行，历法怎么可以随便修改呢？我一定反对到底！”

一场激烈的辩论展开了。在朝廷的早会上，戴法兴引经据典地抨击祖冲之的《大明历》，甚至激动地指着祖冲之，大声斥责：“历法是古圣先贤制定的，你竟敢改动古人的历法，好大的胆子呀！”

戴法兴的话才说完，官员们为了讨好他，连忙附和着说；“是啊，是啊！简直是大逆不道！”不管懂不懂历法，官员们都争相发言，你一言、我一语地指责祖冲之。

原本肃静的宫殿，一下子变得闹哄哄的。皇帝生气地大声说：“放肆！朝廷上如此吵闹成何体统？”霎时，宫殿内恢复了安静。

这时，祖冲之站出来说：“陛下，请听听我的意见。”他针对戴法兴的话，一一加以反驳，并且反问戴法兴：“戴大人，现行的《元嘉历》，就是何承天因发现古历有误而修订的。请问，何承天是否有罪？”

面对祖冲之的质问，戴法兴的脸色一阵青一阵白，只能说道：“陛下，这历法绝不是像祖冲之这样肤浅无知的人可以随便编造出来的，请陛下明察。”

祖冲之也不甘示弱争辩道：“日月运行的天文事实，本来就有天象可以检验，有数据可以推算，我们决不可迷信古代的经典，而怀疑当前的事实啊！”朝廷的公正人士，听到祖冲之如此科学理性的辩解，不禁对他大为赞赏。

戴法兴被祖冲之驳得哑口无言，半天才挤出一句话：“陛下，颁行新历法事关重大，还是从长计议……”因此，颁行《大明历》的事就这样不了了之。

幸好当时的中枢舍人巢尚之，非常赞成祖冲之的理论，并且把二十几年来观察的四次月食记录，和祖冲之的预测进行比对，结果完全符合。于是他向孝武帝建议：“祖冲之的《大明历》，比《元嘉历》更精确，请陛下颁行吧！”皇帝这才同意了。

可惜，新历法还没来得及施行，皇帝就驾崩了。新皇帝把政事全权委托戴法兴处理，戴法兴趁机公报私仇：“哼！实施《大明历》？我绝不会让祖冲之称心如意！”因为戴法兴从中作梗，《大明历》的颁行被搁置了下来。

祖冲之除了具有天文学及数学的天赋，还是一位多才多艺的科学家。他在娄县当县令期间，经常视察农村，看到农民用碓舂米，必须靠双脚踩踏，非常吃力。他便想用其他的动力取代人力，改善这种费时费力的方法。

祖冲之终于想出了办法：利用杠杆和齿轮的省力原理，将碓和磨结合起来，再借助水力来推动。他所发明的水碓磨，不但省力，而且大大提高了粮食加工的效率。

指南车是古人制造出来指示方向的器具。祖冲之曾在宫中见过指南车，不过这些指南车必须靠人转动。祖冲之看了以后，查阅古籍，想制造一辆更好的指南车。

指南车造好后，祖冲之奉命在齐高帝萧道成的面前测试。只见指南车东拐西拐，车上的小木人始终正确地指向南方。皇帝看了，不禁带头拍手叫好，称赞祖冲之。

公元500年，祖冲之逝世，享年71岁。直到祖冲之逝世1000年后，阿拉伯数学家才打破祖冲之所计算的圆周率精确度纪录，达到小数点后16位。杰出的数学家祖冲之，直到临终前仍念念不忘没有被采纳的《大明历》。

祖冲之的儿子祖暅，为了实现父亲的遗愿，曾三次上书梁武帝萧衍，请求其颁行《大明历》。终于在天监九年（公元510年），梁武帝下诏颁行《大明历》，这已经是祖冲之死后十年的事情了。

穿越历史的仰望

华佗

悬壶济世，妙手回春

步印童书馆 著/绘

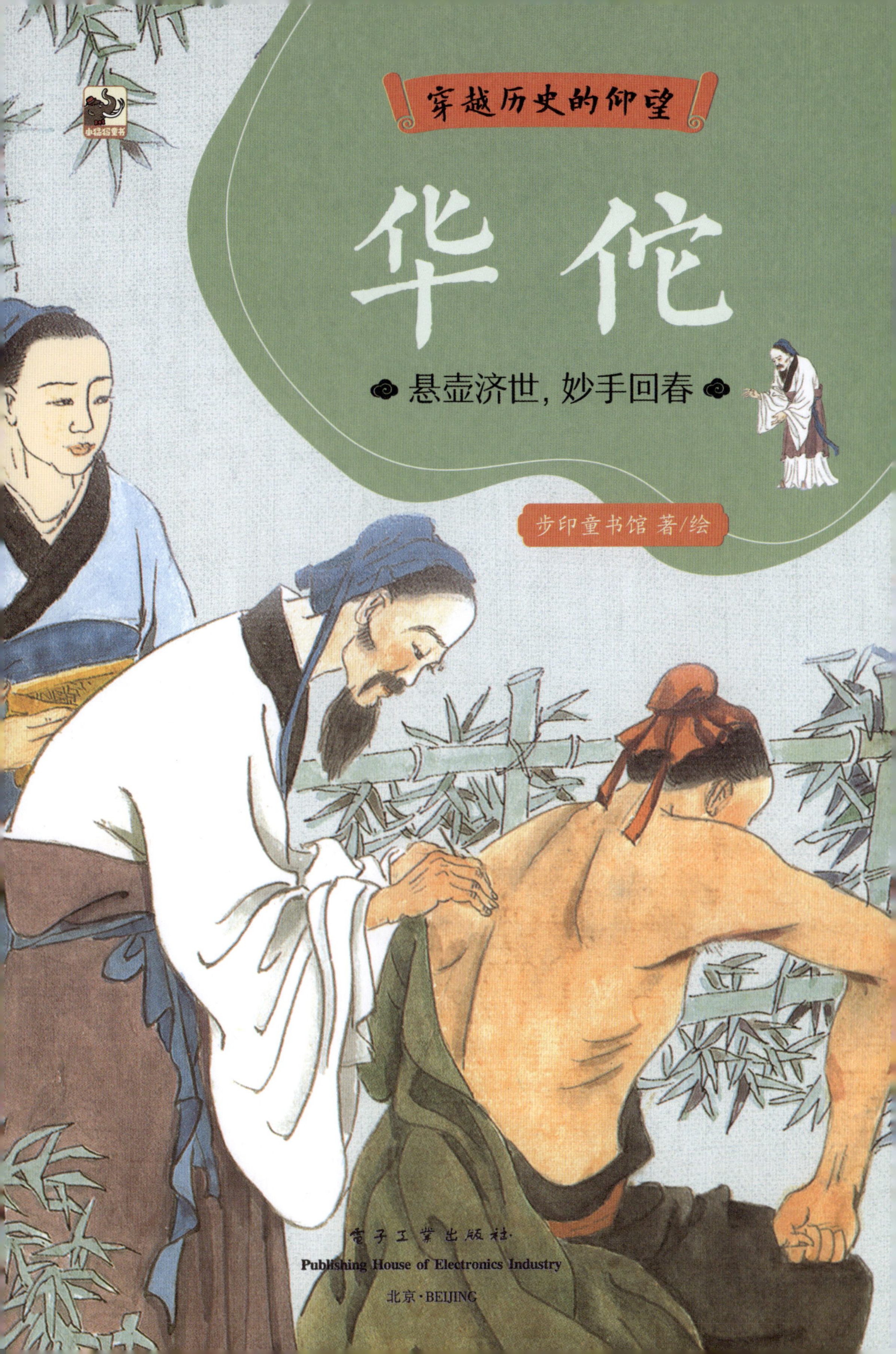

電子工業出版社
Publishing House of Electronics Industry
北京·BEIJING

图书在版编目（CIP）数据
华佗：悬壶济世，妙手回春 / 步印童书馆著、绘. --北京：电子工业出版社，2022.3
（穿越历史的仰望）
ISBN 978-7-121-42810-4

Ⅰ.①华… Ⅱ.①步… Ⅲ.①华佗（?-208）—生平事迹—少儿读物 Ⅳ.①K826.2-49

中国版本图书馆CIP数据核字（2022）第018415号

本书插画只作为情节气氛的渲染烘托，不作为名物考证的依据。
特别鸣谢本书主要创作者郑利强先生。

责任编辑：季 萌　　特约编辑：田学清
印　　刷：汇昌印刷（天津）有限公司
装　　订：汇昌印刷（天津）有限公司
出版发行：电子工业出版社
　　　　　北京市海淀区万寿路173信箱　邮编：100036
开　　本：889×1194　1/16　　印张：42.25　　字数：285.4千字
版　　次：2022年3月第1版
印　　次：2022年11月第2次印刷
定　　价：268.00元（全15册）

凡所购买电子工业出版社图书有缺损问题，请向购买书店调换。若书店售缺，请与本社发行部联系，联系及邮购电话：（010）88254888，88258888。

质量投诉请发邮件至zlts@phei.com.cn，盗版侵权举报请发邮件至dbqq@phei.com.cn。

本书咨询联系方式：（010）88254161转1860，jimeng@phei.com.cn。

华佗

华佗是东汉末年著名的医学家，他的医术精湛，内科、外科、儿科、妇科、药学、针灸……样样精通，被人们称为“神医”。华佗少年时期云游在外，专研医术，不求功名。而且和其他医生不同，在那个没有手术刀、麻醉剂的时代，华佗尤其擅长外科手术，被誉为“外科鼻祖”。华佗还发明了麻沸（fèi）散（麻醉药），这项发明比西方早1600年。

华佗为什么想成为一名医生？他是怎么发明麻沸散的呢？请看看华佗的故事吧！

收听全部音频请使用微信扫描上方小程序码

华佗出生在东汉末年的沛国谯县［今安徽亳（bó）州］。他一生主要在河南、安徽、江苏一带云游，而这一带正是魏、蜀、吴三国激烈争夺的地方。那时，烽火连天，百姓流离失所，到处都能看到因战祸而受伤、生病的人。华佗目睹了人们痛苦呻吟的惨状，心里非常难过。

有一天，华佗家里来了一位非常憔悴的病人，他的脸色苍白，眉毛和胡须都快掉光了。病人用微弱的声音说：

“大夫，我好痛苦，快替我瞧瞧吧！”

华佗看了看病人，用手按着病人的腕部，仔细把脉后，说：

“你的脾脏已经烂了一半，如果不快点儿切除，恐怕会有生命危险。”

“那不是要剖开肚子吗？……一定会痛不欲生吧！”病人一脸惊恐，头也不回地离开了。

在一次行医时，华佗替患病的小孩割除手臂上的毒疮。小孩疼得拼命挣扎，连两个大人都按不住。华佗看着这个可怜的孩子，心想：医生不但要替病人治病，更要将病人的痛苦降到最低。怎样才能减轻病人的痛苦，使病人愿意接受治疗，是华佗一直在思考的问题。

这天，人们抬来了一个受伤的壮汉。这个壮汉喝醉酒后，走路踉踉跄跄，不小心掉到了沟里，跌断了腿。华佗很快将他的断腿接上了，在这一过程中病人一直酒醉未醒，看不出一点儿痛苦的神态。这次的经验给了华佗很大的启发。

从此，华佗虚心向有经验的老药师请教，并且翻遍医学书籍，得知有些药物具有使人暂时失去知觉的麻醉功效。他想：这些药物既然能使人失去知觉，也就能应用于开刀治疗的过程中，减轻病人的疼痛。于是，他不断地上山采药，积极研制能减轻病人痛苦的麻醉药。

在华佗和几个徒弟的努力下，经过一次又一次的试验，终于成功地研制出一种口服汤药，可以让人全身麻醉。华佗为这种汤药取名为“麻沸散”。

华佗决定自己先服用麻沸散，让徒弟观察自己服药以后的情况，并且记录下麻沸散产生效果的时间和自己的反应。

华佗醒来后，徒弟告诉他，他喝了麻沸散，就像醉酒一样昏睡了好几个时辰，摇都摇不醒。华佗觉得自己的身体并没有不良反应，于是，他确定可以将麻沸散当作麻醉药品使用。

有了麻沸散，可以用手术治疗的疾病更多了，治疗效果也更好了。

一天，有个腹部绞痛的病人上门求诊，华佗替病人把脉后，断定病人患的是盲肠炎。

华佗认为情况紧急，必须立刻开刀。于是他让病人服下了麻沸散，等病人昏迷以后，马上实行剖腹手术，切除了溃烂的盲肠。

几天后，病人的伤口完全愈合，身体恢复了健康。华佗是世界上最先发明和使用麻醉剂的人，比西方麻醉剂的发明，早了1600年呢！

这天一大早，华佗刚起床，就有一个病人上门求医。经过诊断，华佗认为病人必须尽快开刀，取出其腹内的肿瘤（liú），否则会有生命危险。病人半信半疑，但是久闻华佗医术高明，也就同意开刀了。

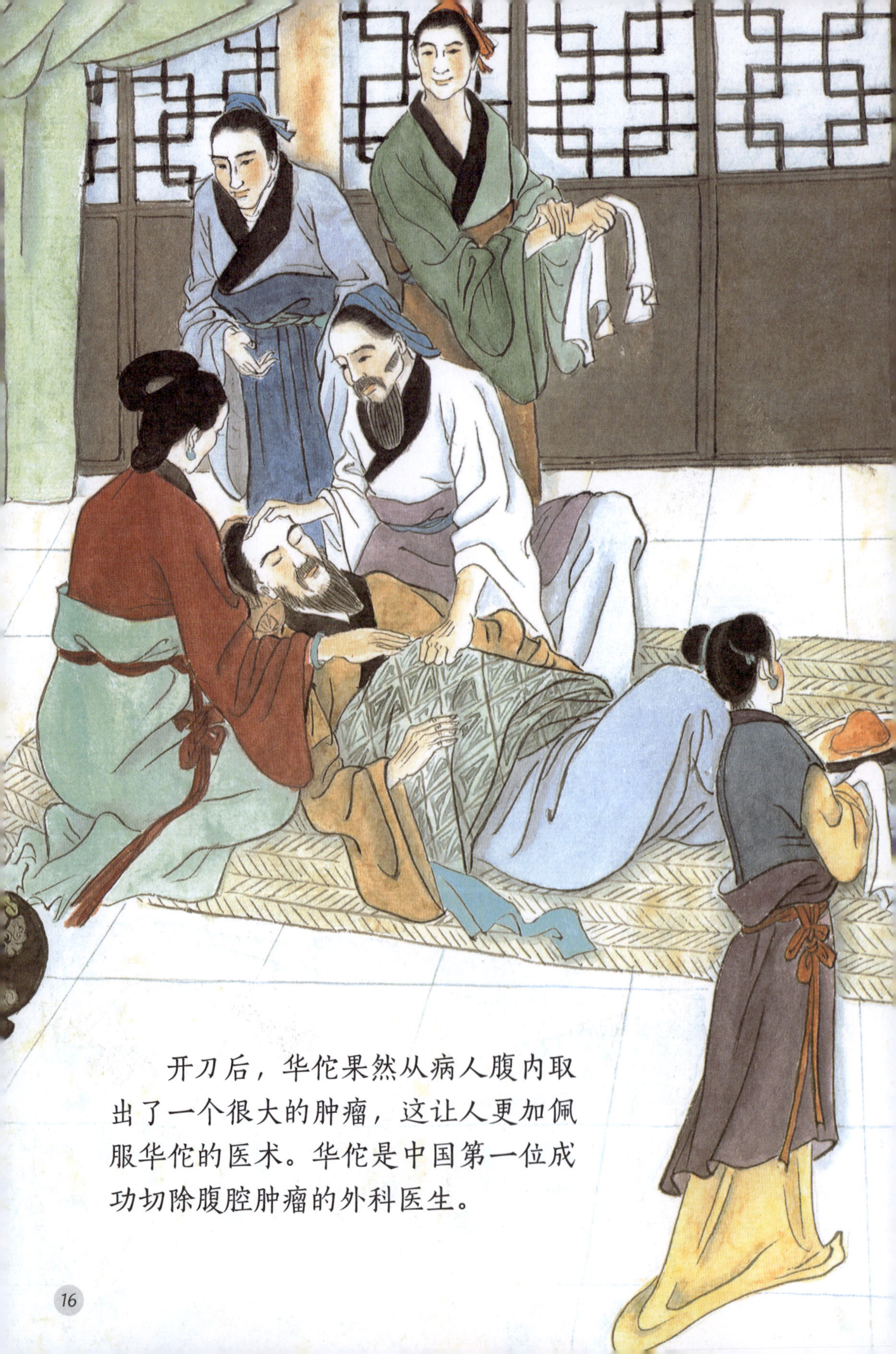

开刀后，华佗果然从病人腹内取出了一个很大的肿瘤，这让人更加佩服华佗的医术。华佗是中国第一位成功切除腹腔肿瘤的外科医生。

华佗在治病的过程中，善于望诊且诊脉细致入微，判断非常准确。他能根据不同病人的实际情况对症下药。

有一天，来了两位病人，一位名叫倪寻，一位名叫李延。两人的病症看起来一模一样，都是头疼、发烧。华佗分别为两个人仔细号了脉，细心地询问了病情，然后为两人开出了药方。

奇怪的是，这两人的药方完全不一样：华佗给倪寻开的是泻药，给李延开的是发汗的药。这让在一旁学习的徒弟们很疑惑。他们不解地问华佗：“为什么这两个人的症状一样，您给他们开的药却不同呢？”

华佗笑了笑，耐心地解释道：“这两个病人的症状虽然看起来相同，病因却并不相同。倪寻是因为吃了太多东西，肚子发胀引起的发烧；李延是因为受凉感冒引起的发烧。病因不同，药方当然就不一样 ！”

几天后，两个病人一同登门拜谢华佗。

华佗在行医之余，又根据前人的医学理论，以及自己的临床经验，发明了“夹脊穴”治疗法。根据这个治疗法，患者只要点按、点揉（róu）、按摩、针刺（cì）特定的穴位，病情就能得到缓解。

有一天，一位双脚不能行走的病人，被家人用车子推到华佗的家门口。病人满脸忧愁地说：“我是个搬运工人，如果不能走路，就没办法养家糊口了！大夫，请您帮帮我吧！”

华佗脱下病人的衣服，在背脊两侧点了十几个穴位，每个穴位都扎上十几根针。他告诉病人：“这种针灸法，虽然会引起酸麻、疼痛，但是可以温和地打通筋脉，调和血气，使你的双脚恢复正常。”

经过华佗的治疗，
这位病人果然能走路了！
身体康复后，病人欢天喜地地
带着老婆和孩子拜谢华佗，以表达他们
的感激之情。

有个病了很久、无法起床的郡守，请华佗前去治疗。诊断后，华佗认为郡守的病是因为长期抑郁，导致肝火积压，胃部淤血，必须将体内的淤血排出，其身体才能恢复健康。华佗想了一会儿，给郡守开了一个特殊的药方。他叮嘱郡守，这份药方一定要在他走后打开才会有效！

郡守耐着性子送走华佗后，迫不及待地打开药方，没想到药方上全是辱骂自己的话，不禁勃然大怒，他想马上派人去抓华佗，可是华佗早已没了踪影。郡守被气得七窍生烟，“哇——”的一声，吐出了很多黑血。说来也奇怪，吐血之后，郡守顿时感到无比轻松，没过几天，郡守的病居然痊愈了。

华佗四处行医，不知治好了多少病人，人们都很佩服华佗的医术，称他为“神医”，慕名来求医的人络绎不绝。

华佗的“神医”美誉，传到了丞相曹操的耳朵里。曹操常年受到严重的偏头痛的折磨。这种病常常突然发作，发作前没有任何先兆，发作时头疼欲裂，非常痛苦。曹操曾经遍请天下名医，却没有一个人能医得好他的病，华佗是他最后的希望。

“快去把那位人称‘神医’的华佗找来！”曹操焦急地下令。

华佗进宫后，曹操对华佗说：“听说你是一位神医，相信对我这种多年的头痛症，一定有办法吧！”

华佗伸手为曹操把脉，一会儿，又摸摸他的头，按了按太阳穴的位置，然后对曹操说：“这得用针灸的方式促进血液循环，您的身体才能痊愈！”

曹操挥挥袖子说：“不管你用什么方法，只要能将这可恶的头痛医好就行了！”

华佗用针在曹操头部的穴位上扎了几针，困扰曹操多年的头痛症真的减轻了很多。

曹操很高兴。不过心胸狭隘的他，却对华佗的医术又敬佩又担心，心想："这种人才如果落到敌人手里，帮助敌人来对付我，后果是不堪设想的。"

于是曹操一方面感谢华佗，一方面强行将华佗留在自己身边，让他随时替自己治病。

华佗学医的目的是救治病人，对名利没有兴趣，也不愿当曹操的私人医生。他三番两次地向曹操请求离去，可是都没有得到允许。

后来，华佗借口远在家乡的妻子生了重病需要他回去照顾，曹操不得已，只好勉强准他回乡一趟。

华佗回家后，曹操多次派人送信催促他回去，华佗总是想尽办法找理由推脱。

于是，曹操派人前往华佗的故乡调查真相，并且交代：如果华佗的妻子真的生病了，就送给华佗礼物慰问他；如果华佗的妻子没有病，就把他抓起来！

不久，派去的人回来报告说：“华佗的妻子很健康，一点儿病也没有。”曹操大怒，下令把华佗关进大牢。

华佗被关进大牢后，虽然有许多人为他喊冤，替他求情，但人们的这些行为不但没有平息曹操的怒火，反而使曹操变本加厉地折磨华佗！

华佗知道自己凶多吉少，就对一个很照顾他的狱卒说：

“曹操可能最近会对我下毒手，我并不怕死，只担心我的医术和药方不能留给后人。这本《青囊书》记录着我的研究心得，我决定把它送给你，希望你仔细研读，以后能够行医济世。”

狱卒非常高兴地接过了《青囊书》，拿回家藏了起来。几天后，华佗被曹操处死了。

华佗死后，狱卒辞掉了工作，准备回家研习《青囊书》继承华佗遗志。刚回到家，却发现妻子正拿着《青囊书》当柴烧。他一个箭步将书抢了过来，可惜为时已晚，医书的绝大部分已被烧毁。一代神医华佗毕生的研究心得也随之永远失传了。

作为伟大的医学家，华佗一直受后人敬仰，所以人们常用“华佗在世”来称赞医术高明的医生。

后人为了纪念华佗，在他的家乡——安徽省亳州市，修建了华祖庙。经常有人到华祖庙上香，乞求华佗保佑他们早日康复。

穿越历史的仰望

徐光启

沟通中西方文化的先行者

步印童书馆 著/绘

電子工業出版社
Publishing House of Electronics Industry
北京·BEIJING

图书在版编目（CIP）数据
徐光启：沟通中西方文化的先行者 / 步印童书馆著、绘. --北京：电子工业出版社，2022.3
（穿越历史的仰望）
ISBN 978-7-121-42810-4

Ⅰ. ①徐…　Ⅱ. ①步…　Ⅲ. ①徐光启（1562-1633）—生平事迹—少儿读物
Ⅳ. ①K826.1-49

中国版本图书馆CIP数据核字（2022）第018414号

本书插画只作为情节气氛的渲染烘托，不作为名物考证的依据。
特别鸣谢本书主要创作者郑利强先生。

责任编辑：季　萌　　特约编辑：田学清
印　　刷：汇昌印刷（天津）有限公司
装　　订：汇昌印刷（天津）有限公司
出版发行：电子工业出版社
　　　　　北京市海淀区万寿路173信箱　邮编：100036
开　　本：889×1194　1/16　　印张：42.25　　字数：285.4千字
版　　次：2022年3月第1版
印　　次：2022年11月第2次印刷
定　　价：268.00元（全15册）

凡所购买电子工业出版社图书有缺损问题，请向购买书店调换。若书店售缺，请与本社发行部联系，联系及邮购电话：（010）88254888，88258888。

质量投诉请发邮件至zlts@phei.com.cn，盗版侵权举报请发邮件至dbqq@phei.com.cn。

本书咨询联系方式：（010）88254161转1860，jimeng@phei.com.cn。

徐光启

徐光启是我国明朝著名的翻译家、科学家，他学习了西方的天文、历法、数学、测量和水利等科学技术，并将这些技术的相关著作翻译成了中文，为17世纪中西方文化交流做出了重要贡献。数学中的“点、线、面”的概念就是他引入中国的。同时，徐光启很重视中国传统知识，在总结中国历代农业生产的经验方面也有相当大的成就。

他为什么会关注西方的科学技术，并且想要翻译、研究相关著作呢？请看看下面的故事吧！

徐光启，字子先，号玄扈，他是上海人，出生在明朝嘉靖年间。当时的上海已经是个大海港了，西方的许多产品也从这里进入中国，徐光启从小就接触西方的事物。

徐光启在松江府上海县（今上海市）的太卿坊长大。小时候的他喜欢在小溪边捞鱼虾，观察它们的生活；喜欢爬树，在树丛中与伙伴们捉迷藏；更爱到农田边，看农夫们播种、耕田，看细细的秧苗慢慢长成稻穗……

他非常敬佩农夫，对农业知识怀有强烈的好奇心。

有一次，父亲问他：“你觉得世界上什么人最伟大？”小小的徐光启毫不犹豫地回答：“农夫。”“为什么呢？”徐光启说：“您说过，一个国家立国的根本是农业，而农业生产，不是靠农夫吗？”

他还背出了一首《悯农》：“锄禾日当午，汗滴禾下土，谁知盘中餐，粒粒皆辛苦。”父亲听了，笑着说：“说得好，真是我的好孩子。”

这年端午节，13岁的徐光启正在专心阅读一篇文章。母亲为他端来了一盘粽子和红糖，嘱咐他趁热吃。

他两眼紧盯着书本，只顾着读书，随手拿起粽子，蘸着墨汁，就大口大口地吃了起来，他根本没有注意到，自己究竟吃的是什么。

一会儿，母亲走进书房，看到他满嘴墨汁的滑稽模样，忍不住笑着说：“你啊，长了满嘴的黑胡子，变成张飞啦！”

徐光启赶紧摸一摸嘴巴，哇！满手都是黑黑的墨汁！他觉得很不好意思，红着脸跑去洗手、洗脸。母亲又爱又怜地看着他跑开，笑吟吟地收拾盘子和红糖，心想：“这孩子太认真了。”

徐光启中举的前一年，他在广东韶州一边教书一边准备再次参加考试。有一天，他在韶州护城河西散步，不经意间便走到了传教士利玛窦神父的住处。之前他就曾经听到过有关这位外国传教士的传闻，很想拜访他，就上前敲了敲门。

这时，屋里走出一位留着胡须、身穿中式服装的外国人。开门的这个人并不是利玛窦，而是他的助手郭居静神父。利玛窦因事外出，没有在家。

郭居静亲切地把徐光启领进屋里。客厅中陈列的钟表、三棱镜、天文算术仪器、西洋乐器等器物立刻吸引了徐光启。

徐光启对看到的这一切都充满了好奇，兴奋地向郭居静问了一大堆问题。而郭居静也耐心地一一为他解答。徐光启兴趣盎然地听着，这些知识与之前他在日常生活中接触到的和学习到的知识有很大的不同，为他提供了一种看待世界的新方式。他敏锐地感觉到西方的知识很值得学习，这次拜访激发了他探索西方科学、宗教的兴趣。

“身为助手的郭居静，都这么博学多闻，利玛窦一定更加了不起！”徐光启此次没能见到利玛窦，觉得很遗憾，他期盼有朝一日能见到他。

5年后，40岁的徐光启进京赶考，路过南京的时候，他的这一愿望实现了。他在南京见到了利玛窦。两人一见如故，谈得十分尽兴。

43岁那年，徐光启进士及第。（在古代，进士是通过科举考试中的最后一关殿试后所获得的称号，是科举考试中的最高荣誉。及第是指科举考试应试中选。）他被选入了翰林院，成了皇帝非常欣赏的人才。在古代，能入选翰林院是天下读书人的梦想，是一件非常荣耀的事情。这时，利玛窦也在北京，徐光启利用闲暇时间，经常向利玛窦请教西洋科学。

利玛窦所传授的西洋科学，不论是天文、历法、数学还是水利，都深深地吸引着徐光启。他虚心地向利玛窦学习，并时常通宵达旦地苦读。人们都嘲笑他说：

“徐大人简直疯了，竟然每天跟那位洋人研究学问到三更半夜！”

“那从蛮夷之邦来的人，能带来什么有用的学问呢？徐大人竟那般痴狂地跟他学习。”

徐光启一点儿也不理会旁人的嘲讽，继续钻研西方的科学文化，3年的时间竟把利玛窦带来的西学书籍研读了大半。

徐光启认为引入西洋科学一定能促进当时国家的进步。因此他联合利玛窦一起翻译有代表性的西方著作。他们认为《几何原本》中的理论和证明比较简单明了，可以作为数学方面的入门读物。于是，他们开始了《几何原本》的翻译工作。

为了提高翻译的准确性，徐光启反复推敲词汇和术语。他所翻译的点、线、面、平行线、三角形、四边形和几何等专有名词，不但译得意义完备，还很通俗易懂，一直沿用到今天。

他们用了将近一年的时间，译出了《几何原本》的前6卷。

公元1607年，徐光启与利玛窦合译的《几何原本》前6卷出版了。随后，他们又翻译了《测量法义》。可以说，徐光启是我国历史上翻译西方科学著作的第一人。

《几何原本》的前6卷出版后不久，徐光启因父亲去世，回到上海守丧。徐光启回到上海的第二年，江南发生了水灾，水灾过后，因农田被毁，当地发生了严重的饥荒。徐光启看到到处都是忍饥挨饿的灾民，很是痛心：“有什么办法能解决缺粮的问题呢？”

徐光启从种植容易生长的作物着手。当时，甘薯（红薯）刚由吕宋（今菲律宾）传入福建。他听说这种作物生长迅速，就托人从福建带回种子来试种。邻居们看到这种以前从来没有见过的作物，议论纷纷：

“这种外国来的作物，种在我们这里哪能生长！”

“我看徐大人要白费功夫啦！”

徐光启一点儿也不理会旁人的议论，仍然继续试种。秋天到了，试种非常成功，甘薯大丰收。徐光启兴奋地煮了一大锅甘薯，邀请左邻右舍和附近农家一起品尝。大家吃到香甜可口的甘薯时都赞不绝口。

甘薯容易种植，产量又高，要是能把这种作物推广开来，进行大规模种植，一定能缓解饥荒。徐光启想把种植甘薯的技术推广到全国各地。传播最快的方式无疑是写书了。于是，徐光启花了好几个月的时间，把种甘薯的心得写成了一本书，名叫《甘薯疏》。经过他的推广，各地大量种植甘薯，解决了江南一带缺粮的问题。

除此之外，徐光启又试着种植女贞和乌桕（jiù）。这两种树的经济价值很高。女贞可以提炼出白蜡，乌桕结出的果实可以榨油。徐光启试种成功后，决定推广这两种树。

徐光启发现，江南一带的人，很喜欢种植杨柳。不过，杨柳虽然好看，用途却不多。因此，他到处劝告人们改种经济效益较高的乌桕。

徐光启一心想着如何改善百姓的生活。一天，他看到一本书上记载，江苏太仓出产一种木棉搅车，轧棉的速度非常快。他想起学生张溥是太仓人，于是迫不及待地动身去找张溥。

徐光启找到张溥，弄清楚了木棉搅车的形状、结构和性能，并且仔细绘出了搅车的图样。

张溥知道，老师对农业有着浓厚的兴趣，就把农学家冯应京所写的《国朝重农考》送给了老师。

徐光启阅读后，认为《国朝重农考》具有较高的价值，便拜访冯应京，虚心向他请教。两人交谈得很愉快，冯应京还把新型农具的性能，详细地向徐光启进行了说明。

当时的人们存在固有观念，他们坚信：只有南方可以种植水稻。徐光启不相信这种说法，他组织了一群人，在天津试培水稻。徐光启针对北方的气候特点，改进了水利灌溉和造肥施肥技术，结果获得大丰收，打破了人们的固有观念。从明朝开始培植的天津“小站水稻”，成为享誉全国的水稻品种。

有一年，有人在棉花田里，偶然发现了一些很大的棉朵。人们认为这些奇特的棉花，一定是棉花中的神，于是把它们供奉为“花王”，每天虔诚地祭拜、祈祷。

徐光启听到这个消息后，亲自前往该地进行观察、研究。徐光启认真研究了这些大棉朵后，告诉人们“花王”根本不是神变的，只要种植和管理得当，挑出好的种子播下，保证年年结出“花王”。

农民们最怕蝗灾了。当时，有的地方的蝗灾闹得很厉害，黑压压的蝗虫成群地飞来，一下子就将田里的作物吃得精光！人们对这种可怕的东西无计可施。可悲的是，迷信的农民们不但不去消灭蝗虫，反而把蝗虫当成神灵，祈求它们不要吃掉农作物。

徐光启花费了7年的时间，研究蝗虫的出生、成长和习性，并且将其一一记录下来，写成了中国最早记录蝗虫的书籍。他利用这些资料，向农民们介绍消灭虫卵的科学方法，指导农民们彻底消灭蝗虫。

徐光启还告诉农民们，天津人吃油炸蝗虫，不但滋补身体，而且能消灭蝗虫。在徐光启的努力下，农民们逐渐破除了“蝗虫是神”的迷信思想，开始致力于消灭蝗虫的工作。

徐光启非常重视水利建设，他强调农田水利和农业发展是密不可分的。他花费20年的心血，归纳出“用水五法”，教人们如何利用泉水、河塘的水、积聚的水、海水和井水，以促进农业发展。

徐光启觉得，应该将自己一生的研究成果加以普及。于是，他整整花了4年的时间，把自己过去的笔记，整理成了一部《农政全书》。这时徐光启已经67岁了。

《农政全书》总共50万字，分12章，60卷，里面介绍了农本、田制、农事、水利、农器、树艺、蚕桑、种植、牧养等，内容广泛而丰富，可以说是一部农业百科全书。

不过这部书的出版不是很顺利，直到公元1639年，在徐光启门生的努力下，《农政全书》才得以出版。这时，徐光启已经去世6年了，他没有亲眼看见自己的心血变成人人赞颂的百科全书。

写完《农政全书》后，徐光启奉命主持修历。他举荐西洋教士龙华民、汤若望参与这次修历。这时，徐光启已经70岁了，但仍然满怀热忱，每天守在观象台上，亲自进行观测。

徐光启非常关注国内外天文历法的研究成果。他把从汉代以来修改过68次的历法、293次的日食报告和发生过的日食误差，都做了统计和研究。

他还引进了西方的时钟和伽利略发明的望远镜，对天象进行精密观测，绘制了一幅“全天球恒星图”，揭开了宇宙的神秘面纱，让人们更加了解星球的运转情况。

认真负责的徐光启，不顾自己70岁的高龄，经常登上高高的观象台观察星象。有一次，他为了测算冬至的正确时刻，不小心从观象台上摔了下来，腰和膝盖都受了伤。可是，他仍然坚持继续工作。

徐光启学问广博，对望远镜、军事火器等也颇有研究。69岁的时候，徐光启奉崇祯皇帝的命令，制造和演练西洋火炮。由此可见，徐光启不仅是个农学专家和科学研究者，还是一位杰出的军事家！

徐光启为了研究学问，一生节衣缩食，生活俭朴。他在北京的时候，把钱全部花在了研究上，居然沦落到没钱买米，向人借米来吃的地步。

公元1633年，72岁的徐光启来不及把其正在编写的《崇祯历书》完成，就病倒在床。认真负责的他，在去世的前几天，还特地向皇帝推荐了一位学者，继续编写历书、修改历法。

徐光启死后被葬在了家乡上海。他在农业方面的伟大贡献，在历法、军事方面的卓越表现，以及在引进西方科学方面的功迹，都令人敬佩，称他是“中国近代科学的先驱”，一点也不过分！

穿越历史的仰望

孙思邈

生命之重，贵于千金

步印童书馆 著/绘

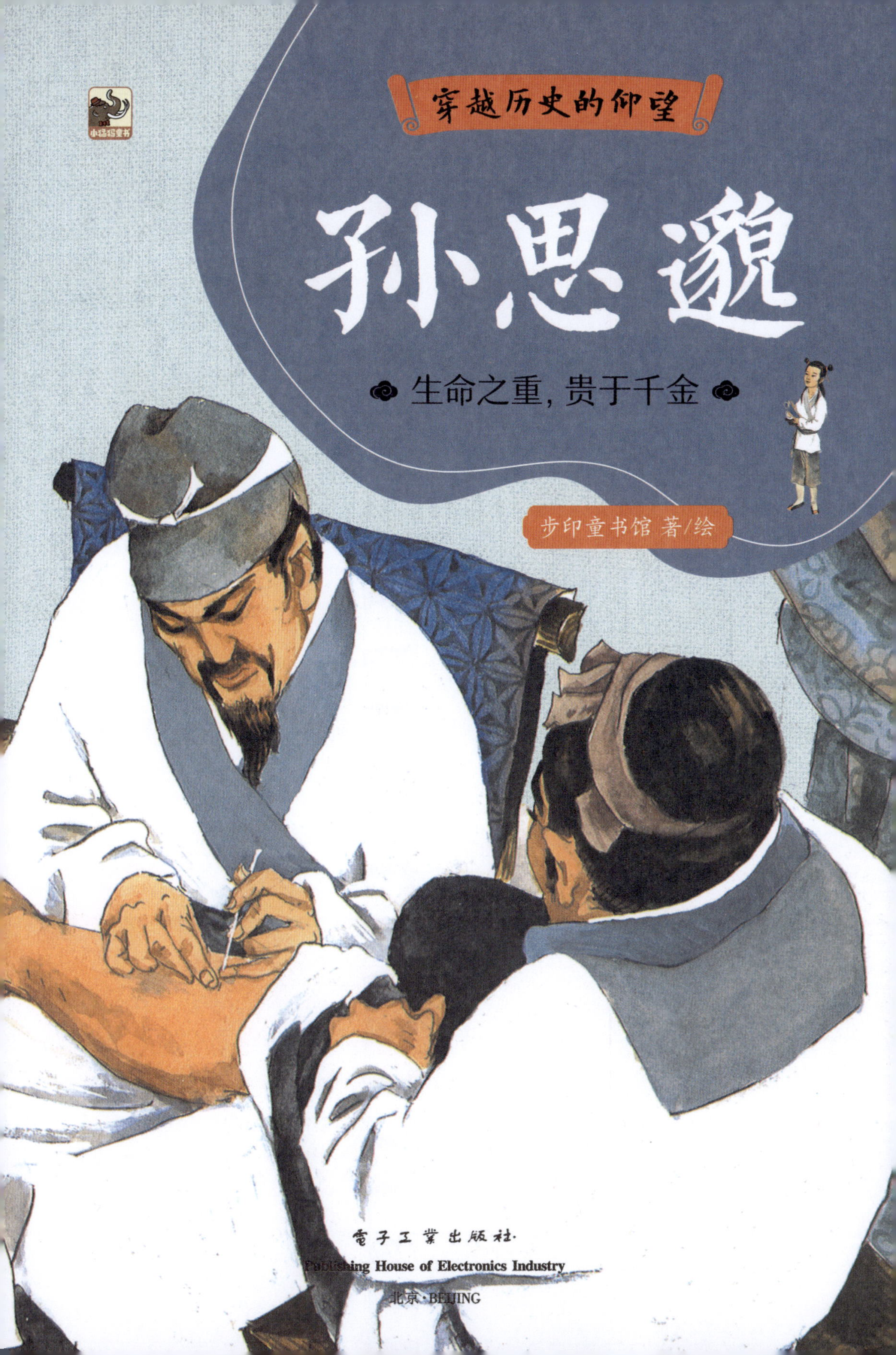

電子工業出版社
Publishing House of Electronics Industry
北京·BEIJING

图书在版编目（CIP）数据

孙思邈：生命之重，贵于千金 / 步印童书馆著、绘. --北京：电子工业出版社, 2022.3
（穿越历史的仰望）
ISBN 978-7-121-42810-4

Ⅰ.①孙… Ⅱ.①步… Ⅲ.①孙思邈（581-682）—生平事迹—少儿读物
Ⅳ.①K826.2-49

中国版本图书馆CIP数据核字（2022）第018416号

本书插画只作为情节气氛的渲染烘托，不作为名物考证的依据。
特别鸣谢本书主要创作者郑利强先生。

责任编辑：季 萌 特约编辑：田学清
印 刷：汇昌印刷（天津）有限公司
装 订：汇昌印刷（天津）有限公司
出版发行：电子工业出版社
北京市海淀区万寿路173信箱 邮编：100036
开 本：889×1194 1/16 印张：42.25 字数：285.4千字
版 次：2022年3月第1版
印 次：2022年11月第2次印刷
定 价：268.00元（全15册）

凡所购买电子工业出版社图书有缺损问题，请向购买书店调换。若书店售缺，请与本社发行部联系，联系及邮购电话：（010）88254888，88258888。

质量投诉请发邮件至zlts@phei.com.cn，盗版侵权举报请发邮件至dbqq@phei.com.cn。

本书咨询联系方式：（010）88254161转1860，jimeng@phei.com.cn。

孙思邈

孙思邈是隋唐时期我国著名的药学家，被后人尊称为“药王”。小时候的孙思邈体弱多病，这让孙思邈对医生这个职业很感兴趣。长大后，孙思邈多次拒绝做官的机会，一心研究医学，为百姓治病。孙思邈十分重视民间医疗经验，不断走访，及时将其获得的医疗经验记录下来，完成了《千金要方》等著作。他所编著的《唐新本草》，也是世界上第一部国家级药典。

孙思邈是怎样成为一代药王的呢？请看下面的故事吧！

收听全部音频请使用微信
扫描上方小程序码

这天，在京兆华原（今陕西省铜川市耀州区）的一户孙姓人家里，诞生了一个小男孩儿。听到小男孩儿的哭声，做父母的高兴极了，为他取名为孙思邈。

孙思邈7岁时，在父母的安排下开始读书。孙思邈的记忆力惊人，是人们心目中的天才儿童，大家都叫他“圣童”。不过，孙思邈的身体很瘦弱，时常生病，这令父母十分担心。

大雪纷飞的冬天，北风呼啸，人人都躲在屋里不出门。这天夜里，母亲发现孙思邈全身滚烫，两颊通红，不禁惊叫：“孩子他爹，快来啊！邈儿好像病了！”

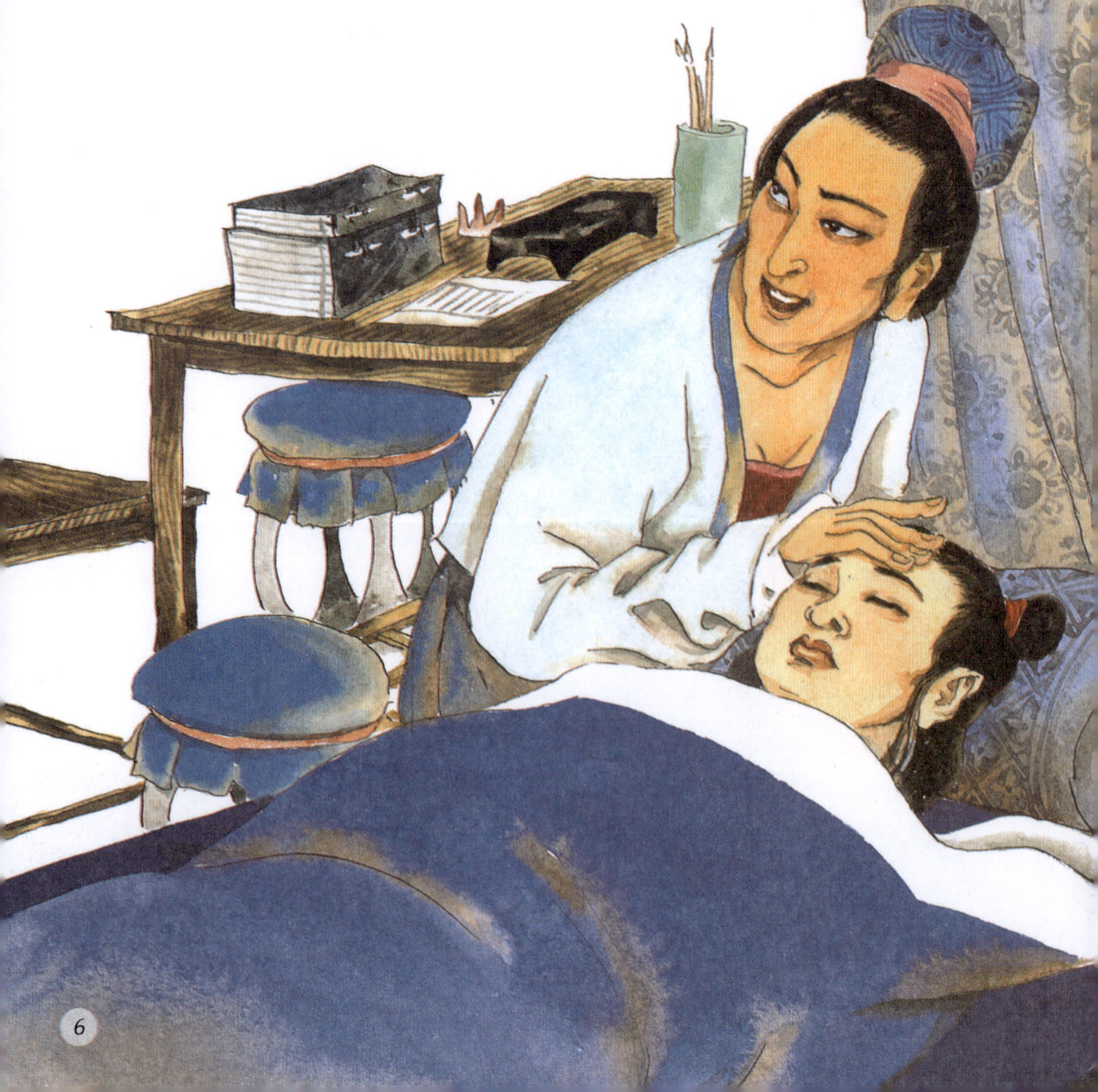

父亲听到喊声，连忙赶到儿子的床前，摸摸他的额头，说：“烫得好厉害啊！快帮他加件外衣，我背他去找大夫！”于是，父亲背着孙思邈，冒着大雪去找大夫。

孙思邈的父亲好不容易找到了一位大夫愿意接诊。大夫仔细地把了把孙思邈的脉，开了药方，并且嘱咐孙思邈的父亲：“这孩子身体太虚弱了，遇到一点风寒都会闹场大病，做父母的可得小心照顾他！”父亲再三道谢后，忧心忡忡地背着孙思邈离开了。

眼看着父母为了医药费到处奔波，几年下来，几乎变卖了所有家产，孙思邈心里很难过，他常常偷偷地掉眼泪。母亲见了，连忙安慰他：“孩子，只要你的身体能好起来，娘和爹吃再多的苦也愿意。”

这天，隔壁王大婶的家里传来了凄惨的哭声。原来，因为没钱请大夫看病，王大婶刚出生不久的小儿子夭折了。王大婶全家都伤心地号啕大哭。

当时有很多像王大婶家一样穷苦的人家，因为没钱治病而痛失亲人。自小饱受疾病折磨的孙思邈，对穷人生病又没钱医治的痛苦，体会更是深刻，他默默立下了志愿：“我长大后一定要努力学习，救治天下穷苦的病人。”

少年时代的孙思邈，已经熟读了百家学说和老庄哲学，并且涉猎了许多佛典，常常和佛寺里的高僧谈论高深的佛理。大将独孤信看到孙思邈的表现，不禁赞叹：“这个少年长大后必能在官场大展宏图！”

不过，孙思邈并没有忘了自己立下的志愿。他刻苦地研读医书，为了验证书中的理论，还常常替自己把脉看病。渐渐地，他对自己的医术愈来愈有信心，也开始替家人和邻居看病。

听说他能治病救人，越
来越多的病人前来就医。

随着越来越多的病人重获健康，孙思邈终于实现了童年的梦想，开始了行医之路。他对待病人犹如自己的亲人，遇到贫苦的病人前来看病，更是分文不取。

为了救治患者，无论白天黑夜，还是刮风下雨，也不管路途多么遥远，自己多么疲倦、饥渴，孙思邈都尽心尽力、不曾推辞。他的心里只有“治病救人”。

患了疮痍（chuāng yí）、下痢（lì）等疾病的病人，全身皮肤溃烂、腹泻不止，不但污秽不堪，还会散发令人难以忍受的臭味。很多大夫都拒绝治疗这类病人，孙思邈却很有耐心地为他们进行治疗。

隋文帝耳闻孙思邈博学有为，于是征召他担任“国子监博士”。不贪图富贵的孙思邈借口生病拒绝了，他一心一意只想做一个济世救人的大夫。

　　这天，孙思邈上山采药，下山时经过山脚的一户人家，看见一个年轻人跪在地上，向一位大夫苦苦哀求：“大夫，无论如何请你救救我的爹娘。”大夫只是一个劲儿地摇头，不理会年轻人的哀求，走了。

孙思邈走近一问，才知道年轻人的父母患了麻风病。麻风病是一种慢性的传染病，得了麻风病的人，其皮肤会变得粗糙且失去弹性，严重时，全身肌肉、关节酸痛难忍，甚至连五官都会变形，样子很可怕，一般人都因害怕而躲得远远的。

孙思邈一点儿也不在意地走进屋里，细心地诊治病人，并且对年轻人说："把你的父母带到我家去吧！我得慢慢医治他们。"年轻人含着眼泪，感动得说不出话。孙思邈拍拍他的肩膀说："放心！我会尽力救治他们的。"

就这样，孙思邈在家里收留了好多个麻风病人，而他仁心仁术的名声，更是远近皆知。孙思邈的家里永远挤满了等待救治的病患，有些人还是从几百里外赶来的呢！

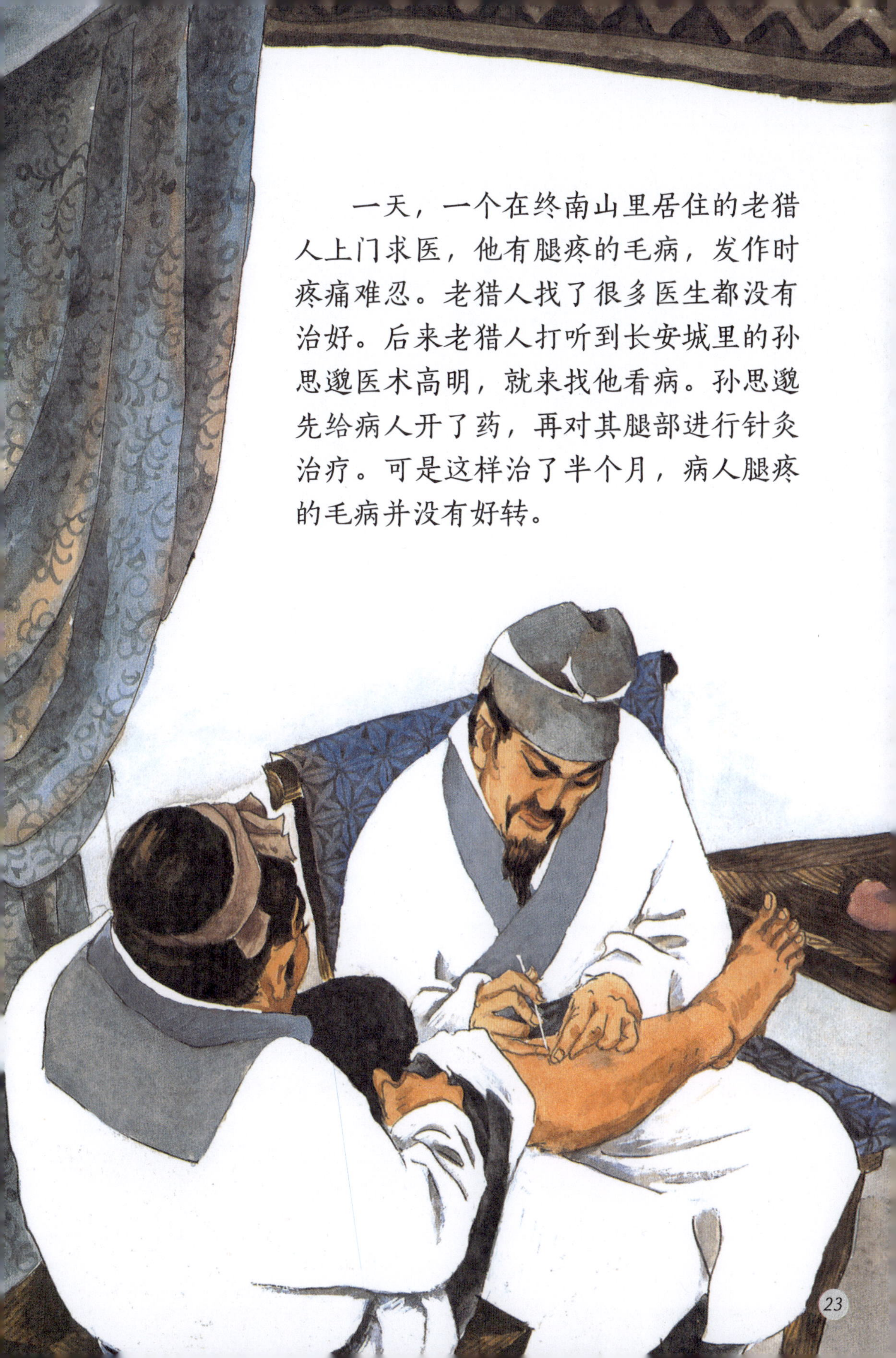

一天，一个在终南山里居住的老猎人上门求医，他有腿疼的毛病，发作时疼痛难忍。老猎人找了很多医生都没有治好。后来老猎人打听到长安城里的孙思邈医术高明，就来找他看病。孙思邈先给病人开了药，再对其腿部进行针灸治疗。可是这样治了半个月，病人腿疼的毛病并没有好转。

孙思邈很纳闷：“奇怪了，这是怎么回事？是我扎错了穴位，还是这个人的生理异于常人？”突然，一个想法闪过他的心头：“难道人的身上除了已经发现的365个穴位，还有其他的穴位？”

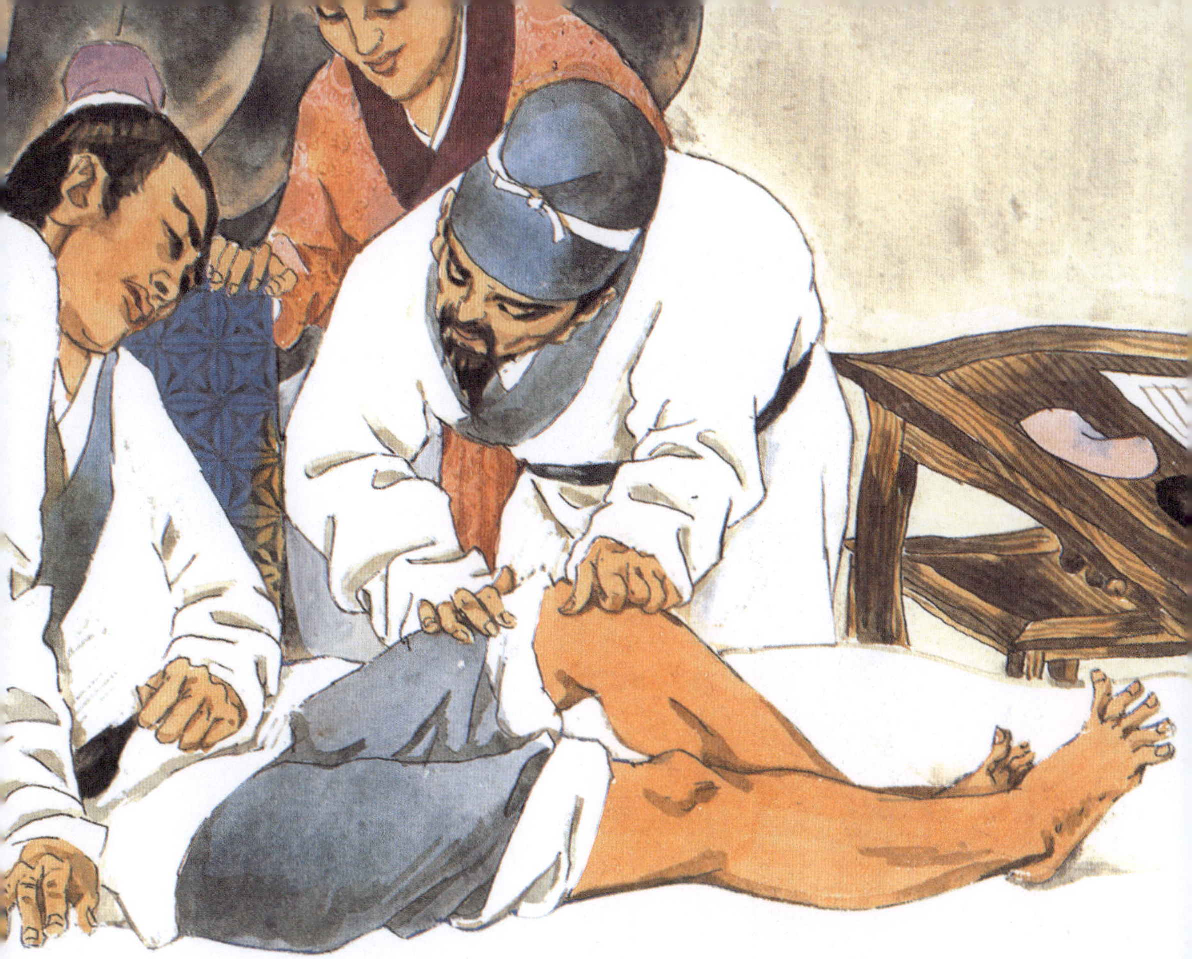

孙思邈让老猎人躺在炕上，手指在他的腿上一点一点地按压，并吩咐他：“我按到哪儿，如果你感觉到痛，你就告诉我。”

孙思邈极其耐心地到处按压，寻找痛点。突然，病人喊了一声：“啊！疼。”孙思邈便在此处扎了一针，果然，病人的腿疼好多了！孙思邈把这个新穴位记了下来。第二天又找到了一个穴位。这样一直扎了7天的针，找到了5个新穴位。经过这番治疗，老猎人腿疼的毛病终于治好了。

后来，孙思邈在给这些新穴位起名字时，想起当时老猎人的叫喊声，就将这些经外奇穴称为“阿是穴”。他所用的方法叫“以痛取穴”法，就是根据痛点，寻找穴位扎针。他所发明的“阿是穴”针灸法，也逐渐被人们推广开来，并且一直沿用至今。

当时，每到夏季，黄河经常泛滥成灾，冲毁农田、屋舍，使百姓无家可归。到了冬季，又久旱不雨，等待耕种的农田得不到雨水的滋润，出现了一条条裂缝。无助的百姓，只能眼巴巴地望天苦叹。

自然灾害频繁发生，人们生活卫生条件不好，给了瘟疫（wēn yì）可乘之机，大量百姓因此丧命。当时的人们认为，瘟疫是触怒神灵引起的，因此请巫师作法，希望能免去灾祸，导致延误了治疗的时机，反而白白送命。

穷苦人家的田里没有收成，连吃饭都成问题，哪来的钱看病呢？只能无助地痛苦呻吟。

目睹了这些悲惨情景，孙思邈心中难过极了。他背起行医箱，不辞辛劳地到灾区为百姓看病，分发药品，并恳切地告诉人们，生病一定要吃药，只祈祷是没有用的。

这天，孙思邈经过一座寺庙时，听到里面传出了阵阵哭声。孙思邈进入庙中，只见一位妇人抱着幼儿，跪在神像前不停地叩拜。妇人怀中的幼儿气息奄奄，好像已经病了很久了。

孙思邈询问了幼儿的病情，并且在仔细地诊断后，拿出了一些药草给妇人，嘱咐她：“孩子得了瘟疫，服下药草后就会好起来。你自己最好也跟着服用，以免被传染。”

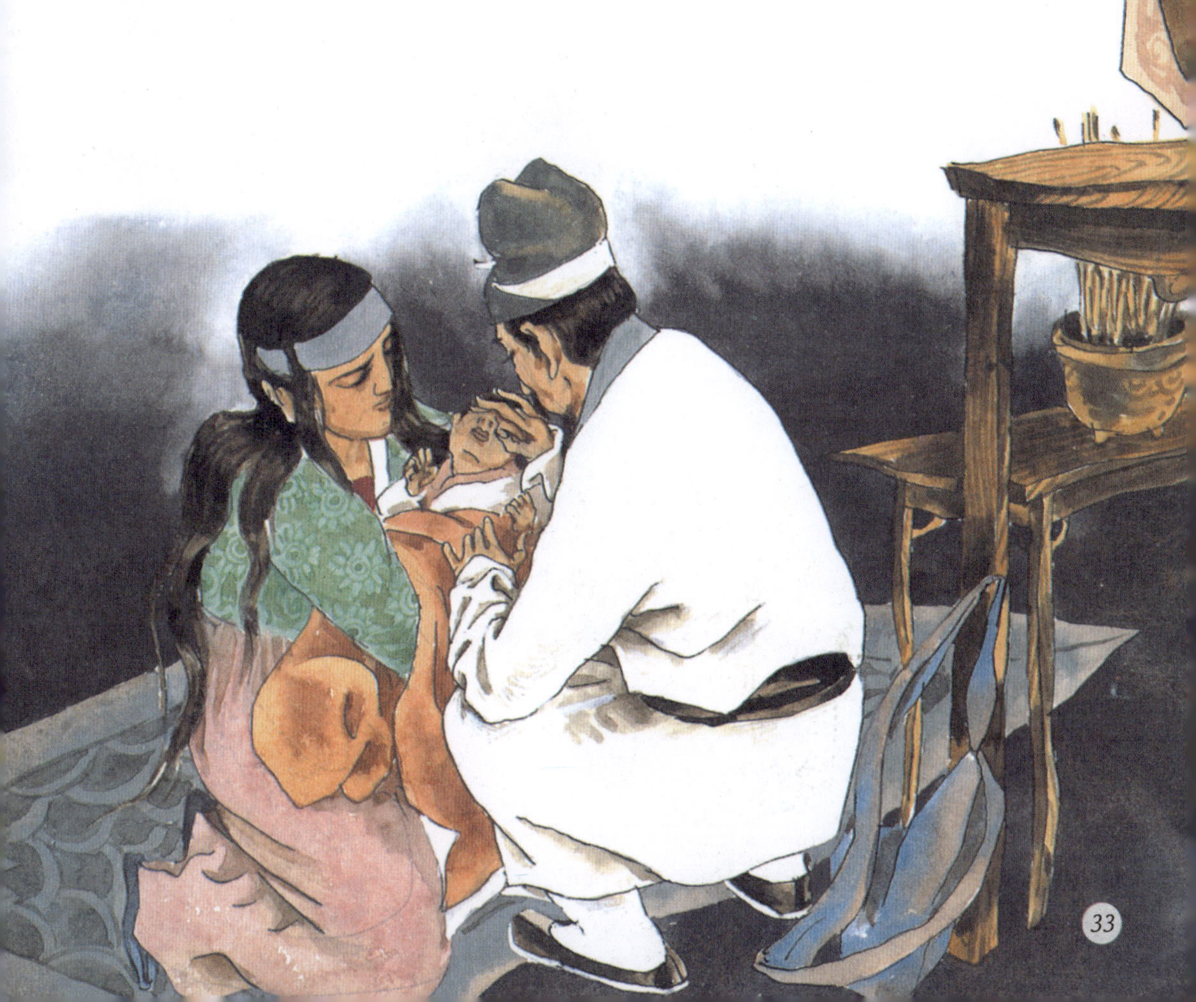

妇人抱着幼儿，泪眼汪汪地问：“您是活菩萨显灵吗？”孙思邈微笑着回答：“我只是个普通的大夫，不过，人病了，如果不吃药，连菩萨也保佑不了。”

相传有一次，孙思邈外出行医，在路上碰到几个大汉抬着棺材，后面跟着一个悲痛欲绝的老婆婆。孙思邈停了下来，细心地观察着眼前的情形。他发现棺材竟然在滴血！

他连忙拦住了老婆婆问明情形。原来，棺材里的是老婆婆的独生女儿，因为难产死去。孙思邈一听，立刻告诉她：“你的女儿也许还有被救活的可能。如果人死了，是不会持续流血的。快打开棺材来看看，这棺材底下正在滴血呢。”

刚开始大家不同意开棺，但当他们知道要求开棺的人是孙思邈时，便马上把棺材打开了。

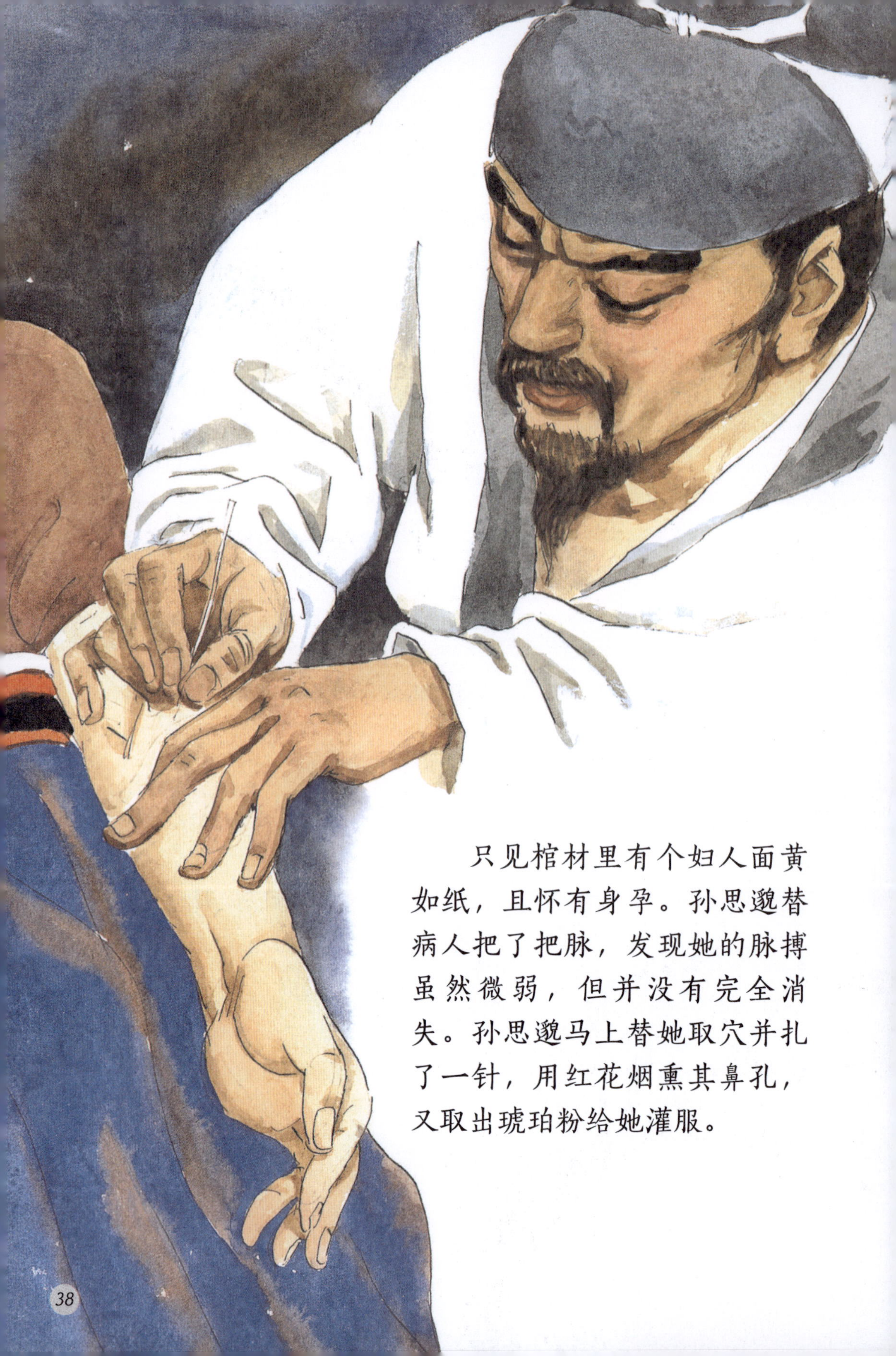

只见棺材里有个妇人面黄如纸，且怀有身孕。孙思邈替病人把了把脉，发现她的脉搏虽然微弱，但并没有完全消失。孙思邈马上替她取穴并扎了一针，用红花烟熏其鼻孔，又取出琥珀粉给她灌服。

不久，病人慢慢地苏醒过来。他又送给白发婆婆一剂药、一幅图，嘱咐其把病人抬回去，喝下这服药，再按图接生，保证母子平安。后来那个病人顺利生下了一个胖娃娃，于是众人把孙思邈当成了活神仙。

孙思邈走遍名山大川，认识了很多新药材，并弄清楚了它们的功效。

孙思邈经过实践发现，以牛肝和羊肝入药可以医治夜盲症；用乌豆、赤豆入药可以治疗脚气；食用海藻可以治疗大脖子病等。

另外，他根据临床经验，提出了许多新见解。他认为：消渴症（糖尿病）的患者，应该避免生脓肿，而且患病百日以上，就不可以使用针灸进行治疗，以免弄伤皮肉。这是很有价值的发现。

唐朝初年南方经常发生瘟疫，由于找不到病因和治病的方法，人们便听信巫医的话，以为是鬼神作祟。可是，孙思邈认定：瘟疫的病因是食物传染，根本与鬼神无关。

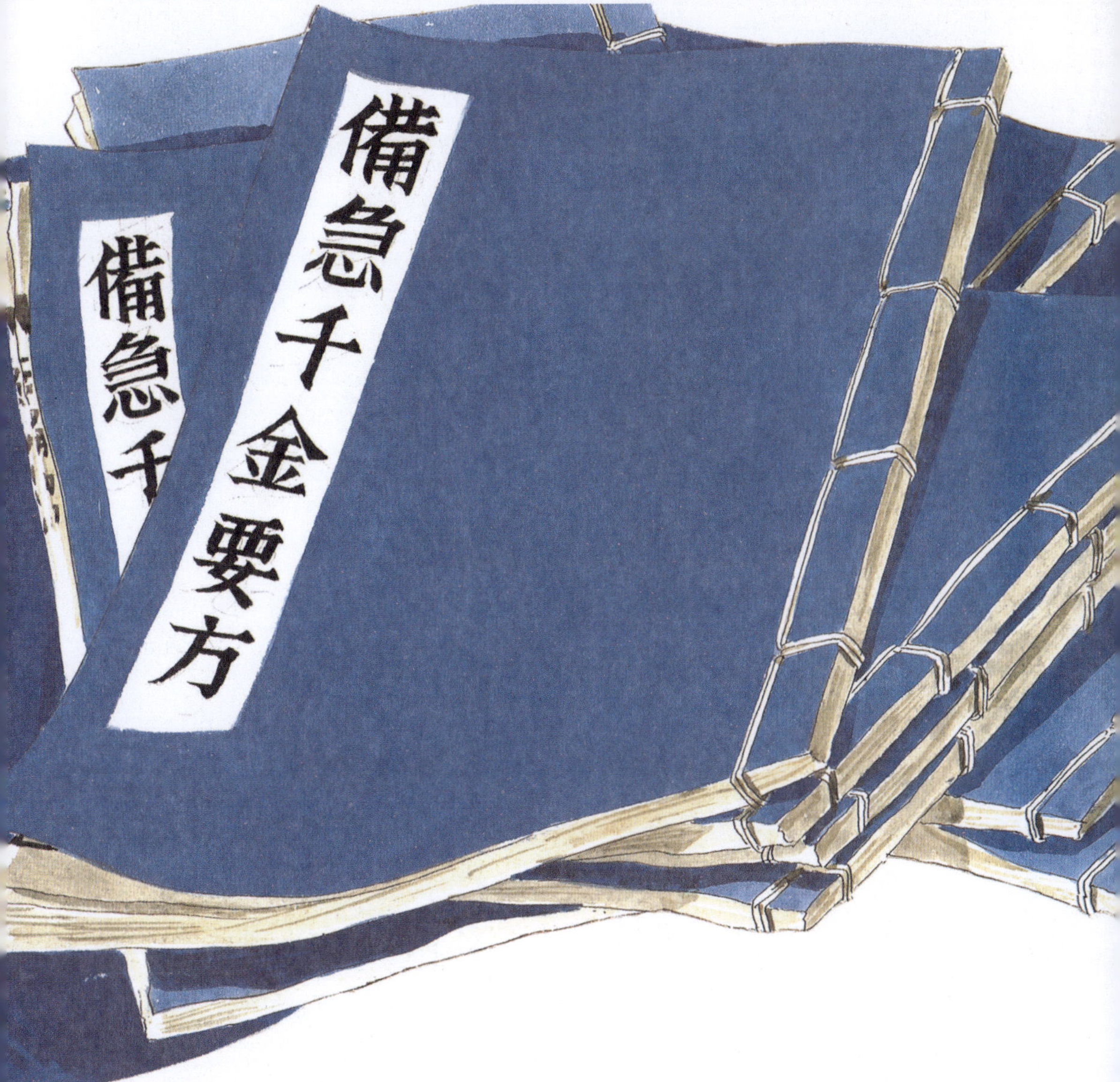

长年的行医，令孙思邈发现懂医术的人才太少了。尤其是身居偏远地区的人，一旦生病，根本找不到医生。于是孙思邈将自己一生的行医经验，编成了一部《备急千金要方》，这本书有点像今天的医疗急救手册。

后来孙思邈又编著了一部《千金翼方》，作为《备急千金要方》的补充用书，并且修正了《备急千金要方》中的错误。这两部书合称为《千金要方》。《千金要方》是他一生行医的经验总结。

唐太宗即位后，听说孙思邈不但有学问，而且精通医术，便召他到长安。那时孙思邈虽然已经年老，但身姿依然矫健，仿佛是个年轻人。唐太宗看了感叹道：“原来古代传说中的仙人并不是虚构的啊！”

孙思邈活了一百多岁，被称为“药王”，他隐居的五台山也被称为“药王山”。据说，年迈的孙思邈经常健步如飞地在山里采药，这使得山中砍柴的樵夫，误以为自己遇到了神仙呢！

穿越历史的仰望

宋应星

不只是科学巨匠

步印童书馆 著/绘

電子工業出版社
Publishing House of Electronics Industry
北京·BEIJING

图书在版编目（CIP）数据
宋应星：不只是科学巨匠 / 步印童书馆著、绘. --北京：电子工业出版社，2022.3
（穿越历史的仰望）
ISBN 978-7-121-42810-4

Ⅰ. ①宋…　Ⅱ. ①步…　Ⅲ. ①宋应星（1587-约1666）—生平事迹—少儿读物
Ⅳ. ①K826.1-49

中国版本图书馆CIP数据核字（2022）第018417号

本书插画只作为情节气氛的渲染烘托，不作为名物考证的依据。
特别鸣谢本书主要创作者郑利强先生。

责任编辑：季　萌　　特约编辑：田学清
印　　刷：汇昌印刷（天津）有限公司
装　　订：汇昌印刷（天津）有限公司
出版发行：电子工业出版社
北京市海淀区万寿路173信箱　邮编：100036
开　　本：889×1194　1/16　　印张：42.25　　字数：285.4千字
版　　次：2022年3月第1版
印　　次：2022年11月第2次印刷
定　　价：268.00元（全15册）

凡所购买电子工业出版社图书有缺损问题，请向购买书店调换。若书店售缺，请与本社发行部联系，联系及邮购电话：（010）88254888，88258888。

质量投诉请发邮件至zlts@phei.com.cn，盗版侵权举报请发邮件至dbqq@phei.com.cn。

本书咨询联系方式：（010）88254161转1860，jimeng@phei.com.cn。

宋应星

宋应星是明朝著名的科学家。他的一生都在进行农业和手工业生产方面的研究。宋应星曾在乡试中中过举人。此后，他数次参加会试，均以落榜告终。宋应星十分热衷于科学技术研究，对做官缺乏兴趣。之后，他写下了中国古代最完整的科技类书籍《天工开物》，这本书被誉为“中国17世纪的工艺百科全书”，在国内外都享有很高的声誉。

在科技不被重视的年代，宋应星为什么想写一部这方面的书籍呢？请看看宋应星的故事吧！

太阳刚刚升起，几只粉蝶在花草间翩翩起舞，鸟儿在树枝间跳跃。这样的早晨最适合读书了。这不，有一对兄弟正在书房中读书呢。

这是宋家的两兄弟，哥哥叫宋应昇，弟弟叫宋应星。他们生活在科举制度盛行的明朝，而宋家又是江西奉新县的望族，祖先世代为官。但到宋应星这一代，因遭遇了一场大火，宋家日渐衰落。家人把家族兴盛的希望寄托在了两兄弟身上。因此，兄弟俩从小就熟读四书五经，学习八股文，以便参加科举考试，求取功名。

哥哥每日用心读书，吟诵声不绝于耳；弟弟却总是不太专心，两只眼睛直往窗外瞧，似乎窗外的事物，比书本更能吸引他。

光是向窗外看，已经不能满足宋应星的好奇心了。他索性站起身来，走到窗边，准备从窗口溜出去。

哥哥看见了，连忙喊住他：“应星，你要去哪儿？”宋应星边爬窗户，边回答：“我想到外面透透气。”哥哥又追问：“书都读好了吗？”

“放心吧，我早就背得滚瓜烂熟了。”话音未落，宋应星便一溜烟地跑掉了。哥哥见状，只能摇头苦笑。

在河边闲逛的宋应星看见一个老农夫正在汗流浃背地踏着水车。池塘里的水，在水槽边激起阵阵水花。随着水车的转动，一部分水被吸入水槽，随着轮轴转动，水便被送到了田里。宋应星的注意力完全被眼前的景象所吸引，他目不转睛地看着。

老农夫看到宋应星好奇的模样，笑着说："你是个读书人吧？难怪你没有见过这个东西，它叫龙骨车，是农家用来汲水浇地的农具。"

宋应星敲一敲自己的脑袋，苦笑着说：“我天天吃饭，竟然对种植粮食的农具一无所知。还自诩饱读诗书，见识广博，真是惭愧啊！”

老农夫叹了口气说：“年轻人啊，大家不都说‘万般皆下品，唯有读书高’吗？像我们种田的人，一年到头辛苦工作。只不过求个温饱，一点儿出息也没有，哪里能像读书人那样受人尊重呢？”

宋应星不以为然地摇摇头说：“不，我可不同意这种说法。读书人是人，农夫也是人，大家都在为这个社会贡献力量，人人都应该被尊重啊！”老农苦笑着说：“要是大家都像你这样想就好了。”

宋家世代读书做官，父亲看宋应星经常往外跑，很少安静地待在书房读书、写字，很是着急，便强迫他和哥哥一起学习八股文。万历四十三年（1615年），宋应星和哥哥赴南昌府参加乡试。

放榜那一天，宋家兄弟双双成为举人，宋应星还名列第三。在当时中举人是一件光耀门楣的事，何况一家出了两位举人！一时之间在乡里传为美谈，宾客犹如潮水般地涌进宋家。

中举人后，宋应星和哥哥先后六次进京参加会试，但都名落孙山。

每次宋应星和哥哥都选择不同的路线进京赶考。十几年间，他的足迹遍布江西、安徽、江苏、山东，河北、河南、湖北、湖南、浙江、四川、广东、广西、云南、福建、贵州等省，经过的城市和乡村不计其数。每到一地，宋应星都仔细地观察各地的物产和生产技术，他随身带着卷尺、指南针和纸笔，向遇到的每一个农夫、工匠、车夫等虚心请教，将所见所闻用文字和图画的形式记录下来。

宋应星的家乡江西，由于土地肥沃，物产富饶，煤、钨、锰、瓷土等资源丰富，再加上水陆交通十分便利，因此相对繁荣。他自然下了不少功夫对江西进行深入考察。

当时江西景德镇的瓷器，可以说是远近闻名。

在明朝以前，景德镇以出产白瓷为主。到了明朝，由于受到波斯文化、阿拉伯文化的影响，出现了青花瓷和加釉的彩绘瓷器，使得景德镇的瓷器更加出名。

宋应星乘着船，顺着昌江来到了景德镇。他人还在船上，就已远远望见，景德镇烧窑的烟雾弥漫了整个天空。

宋应星下了船，只见码头上停泊着大大小小的船只，工人们正忙着装卸货物，好不热闹！

街市上，许多商家正在售卖形形色色的瓷器，路旁的小贩也把瓷器摆在地上，高声吆喝，招揽顾客。

景德镇似乎没有黑夜，因为到了夜晚，各窑厂中的火仍然在燃烧，红红的烈焰，明亮的灯光，照得整个景德镇一片光亮，犹如白昼。

宋应星跑遍了大大小小的窑厂，实地参观，并且向工人请教烧窑的技术和相关知识。不过，当时人的思想比较保守，多数人都不肯将自己的技艺轻易传授给别人。因此，宋应星遭到了许多人的拒绝。

费了好大的功夫，宋应星终于从不同的人的口中，积累了许多关于烧制瓷器的知识，了解了制造瓷器的整个过程。他将瓷土的出产地，怎样用泥土做坯、拉坯、上釉，以及窑的构造等详细地记录下来。

当时科技不发达，难以解释的事物，都会被附上迷信的色彩。例如，那时的烧窑工人认为在烧窑时发生“窑变”、烧出奇形怪状的坯子，是不祥的事。

宋应星不相信这种没有根据的说法，他告诉人们，这种说法是错误的，并且在其所写的书中极力驳斥这种说法。

除此之外，宋应星还仔细地研究和农业相关的知识。为了进一步了解农业，有时他也亲自参与耕作。

有了实际的耕作经验，宋应星对于农作物的栽培、农具的改革、食品加工等都有自己的独到见解。

他呼吁农民重视选种、精耕、施肥、灌溉及防治病虫害等。

对于民间纺织、染色的生产技术，宋应星也非常用心地研究，他将养蚕、缫丝、染整、织造等过程完整地记录下来，还把结构复杂的提花机描绘成图样。

宋应星四处奔波，拜访了很多人，收集了许多资料。几年下来，他游历了许多地方，见识了许多技艺。

时局动荡，社会治安也越来越乱，百姓的生活不得安宁。崇祯初年，宋应星回到了家乡，整理他所收集的资料。不料就在这时，有一群贼寇在他的家乡附近作乱。

为了保护家乡，宋应星立刻变卖家产，招募义勇之士，奋力抵御贼寇，最后总算使家乡恢复了往日的安宁。

*1634*年，宋应星担任江西分宜县的“教谕”（类似于督学，视察各地学校的一种工作），这是一个品级很低的职位（九品以下），俸禄很少。不过，这使他有机会经常到各处巡视，观察人们的生活。

　　他开始整理自己收集了10多年的资料。3年后，他独立完成了一部专门介绍中国各种农业、手工业生产技术的百科全书，并且将其命名为《天工开物》。书写好后，穷困的宋应星没钱出版，靠朋友涂伯聚的帮忙，《天工开物》才顺利印刷、出版。

7年后，清军入关，明朝的江山迅速沦陷。宋应星的哥哥宋应昇变卖了自己所有的家当，支持刘达招募兵马，抵御清兵，但是不幸落败，江西失守。不久明朝灭亡了，宋应昇承受不了亡国的痛苦，服毒自杀了。

遭遇这样的国变、家变，宋应星为了保持读书人的气节，辞官回乡，终生隐居。

而他所著的《天工开物》，虽然在出版之后广受欢迎，但因明朝末年战乱，社会陷于大动荡之中，影响了它的传播。加之清朝初年大兴文字狱，《天工开物》也被视为有反清思想而被列为禁书，后来竟然完全散佚了。

一直到民国初年，我国地质学家丁文江在日本发现了这本书，费尽千辛万苦才将它从日本带了回来。这位300多年前的伟大科学家这才再次走入人们的视线，受到后人的尊重。

穿越历史的仰望

李时珍

一介农夫，挥就传世医典

步印童书馆 著/绘

電子工業出版社
Publishing House of Electronics Industry
北京·BEIJING

图书在版编目（CIP）数据

李时珍：一介农夫，挥就传世医典 / 步印童书馆著、绘. --北京：电子工业出版社，2022.3

（穿越历史的仰望）

ISBN 978-7-121-42810-4

Ⅰ. ①李…　Ⅱ. ①步…　Ⅲ. ①李时珍（1518-1593）—生平事迹—少儿读物
Ⅳ. ①K826.2-49

中国版本图书馆CIP数据核字（2022）第018419号

本书插画只作为情节气氛的渲染烘托，不作为名物考证的依据。
特别鸣谢本书主要创作者郑利强先生。

责任编辑：季　萌　　特约编辑：田学清
印　　刷：汇昌印刷（天津）有限公司
装　　订：汇昌印刷（天津）有限公司
出版发行：电子工业出版社
　　　　　北京市海淀区万寿路173信箱　邮编：100036
开　　本：889×1194　1/16　　印张：42.25　　字数：285.4千字
版　　次：2022年3月第1版
印　　次：2022年11月第2次印刷
定　　价：268.00元（全15册）

凡所购买电子工业出版社图书有缺损问题，请向购买书店调换。若书店售缺，请与本社发行部联系，联系及邮购电话：（010）88254888，88258888。

质量投诉请发邮件至zlts@phei.com.cn，盗版侵权举报请发邮件至dbqq@phei.com.cn。

本书咨询联系方式：（010）88254161转1860，jimeng@phei.com.cn。

李时珍

李时珍是我国明代著名的医学家和药学家。在那个医生不受重视的时代，他仍然喜欢云游四方，四处收集药物标本和处方，并不耻下问。他还参考了历代医药方面的书籍925种，修正了许多书籍中的错误，用27年的时间完成了192万字的《本草纲目》。李时珍为了写这部药书，花费了其人生中大部分的时间，但是他从不后悔。

他为什么不计代价、不舍昼夜地编写《本草纲目》呢？请看李时珍的故事吧！

收听全部音频请使用微信
扫描上方小程序码

李时珍出生在一个普通的医药世家，他的祖父是一位很有医德的江湖郎中。不论刮风下雨，还是烈日当空，祖父总是带着铜舌铃，走遍大街小巷，为人治病。

李时珍的父亲李言闻也是蕲州（位于现在的湖北省）城内的名医。他不但医术高明，而且积极为百姓治病，受到了许多人的尊敬。李时珍从小耳濡目染，对医学产生了很大兴趣。

幼年的李时珍身体很孱弱，经常咳嗽、发烧，经过父亲精心的治疗，他的身体才渐渐好起来。李时珍虽然身体非常瘦弱，但很活泼。他经常提着小篮子，跟着当医生的父亲，到野外采集药草。大自然的草、木、花、鸟、虫、鱼、兽，样样都吸引着小小年纪的李时珍，尤其父亲那装满竹筐的各种颜色、各种气味的药草，更让他感兴趣。

李时珍成为秀才后，父亲让他继续考举人，可是，他志不在此，连续参加三次举人考试都落榜了。父亲看他对做官确实没兴趣，也就不再勉强。李时珍从此专心往医药方面发展。李时珍不分昼夜地苦读前人留下来的医学书籍，同时跟父亲学习治病的方法。他进步的速度非常快，22岁那年，他便开始跟着父亲行医了。

李时珍22岁那年，家乡遭遇水灾，灾后又发生了瘟疫，到处是病人的呻吟声。李时珍小时候体弱多病，所以能体会生病的痛苦。他和父亲两人，不分昼夜、不辞辛劳地为患者治疗。

这些经历，不但让李时珍获得了丰富的临床经验，也使他感到行医救人责任重大，这更坚定了他研究医药的决心。

李时珍不但常常跟父亲外出应诊，继续用心地向父亲学习医术，还利用空闲时间，专心研读医药方面的书籍。他的医术一天比一天精进，找他看病的人越来越多，甚至远在千百里外的病人，也来向他求医。

他为人诊疗时，慎之又慎，先是看气色、听声音、问症状、切脉搏，再对各种情况进行仔细研判后，才对症下药。所以许多病人的疑难杂症，都能被他治好。

李时珍并不因医术日渐精进而感到满足，仍然利用闲暇时间，不断研究前人编著的医药书籍。在研读医药书籍的过程中，他发现其中有不少错误。

例如，在当时的医药书上，有时一种药材竟有两种名称，而不同的两种药材却使用同一名称。这不仅不便于医生开药方，对缺乏经验的医生，更容易使其开错药方。

一个严冬的夜里，门外传来急促的敲门声，有人大喊着：“李大夫，请你救救我的娘子！她不知道怎么了，气喘得厉害，全身浮肿！”李时珍急忙穿好衣服，匆匆跟着那个人走了。

李时珍用麻黄改善病人的气喘，再用茯苓等药，使病人小便通畅。不久，那位妇人痊愈了。夫妻俩感激涕零地说：“您真是救苦救难的活菩萨！”

　　这天，李时珍正要到山上采药，突然一个人跑来，请他替一位六十多岁的老婆婆看病。热心的李时珍二话不说，背着药筐就跟着走。

到了老婆婆家，李时珍才知道老婆婆已经腹泻五年了，时好时坏，吃了各种药，就是治不好。李时珍为躺在病床上的老婆婆把脉，确定其患的是慢性腹泻。

李时珍心想：书上说巴豆会使人腹泻，可是，上次在家里做的实验证明，适量的巴豆反而可以治疗腹泻。

于是，他给老婆婆吃下适量的巴豆。几天后，老婆婆果然痊愈了，老婆婆一家人高兴地抓了一只鸡，送给李时珍。

不久，许多人知道了这个消息，几十个患长期腹泻的病人纷纷前来求医。李时珍耐心地一一为其医治。从此，李时珍的名声越来越大，大家都称赞：“李大夫真是医者仁心。”

楚王朱英裣的儿子得了一种怪病，经过许多医生的治疗都没有好转的迹象，楚王非常担忧。他的属下说：“王爷，听说李时珍医术高明，治好了很多疑难杂症，不妨请他来试试看。”楚王一听，连忙派人去请李时珍。

楚王是出了名的坏脾气，蛮横又不讲理。李时珍非常不愿意去。父亲劝他说：“孩子，你不是一直想修正以前医药书籍中存在的错误吗？借楚王在朝廷的力量，也许能建议朝廷重新修订医药书籍呢！”

为了尽快实现这个心愿，得到朝廷的大力支持，李时珍只好到楚王府去。经过李时珍的细心诊疗，楚王的儿子很快康复了。

楚王高兴极了，赏赐了李时珍大量的金银财宝，又任命他为楚王府的“奉祠正”，让他管理礼仪制度方面的事，同时也掌管王府的医疗工作。

不久，朝廷下令召集全国名医，到太医院供职。楚王推荐了李时珍。李时珍兴奋地想：“太医院是全国最高的医疗机构，里面有许多名医、珍贵的医书和稀世的药材，在那儿，一定可以学到更多的医学知识。”

他满怀希望地来到太医院，没想到太医院里，除了一些迷信巫术的庸医，有真才实学的人很少。只见那些医官放着要紧的正事不办，整天忙着替皇宫中的道士寻找炼丹的东西，好让皇帝早日成仙。

李时珍不愿意和那些人谈论炼丹成仙的荒唐事，独自把太医院的藏书，一本又一本地仔细研读，认真辨识各种药材。他发现太医院里收藏的药书上，也有不少错误和缺陷，这更加坚定了他多年来的想修订药书的愿望。他也发现修订药书的工作太艰巨，必须由朝廷集合众人的力量才能顺利完成。

李时珍两次向朝廷提出建议，请求重修药书。结果许多懒散的人反对说：“真是不自量力啊，竟想修订药书！”太医院的负责人也指责他说：“想擅自修改古人的经典作品？你真是狂妄自大！”

李时珍伤心失望极了！为了对病人负责，他决定自己来修订药书。来到太医院的第二年，李时珍借口身体有病，辞去职务，回到家乡。他一边帮人治病，一边动手搜集修订药书的资料。

他常常穿着草鞋，背着药筐，拿着锄头，带着学生和儿子，爬过一山又一山，到处拜访、请教有名的医生，寻找各种药材和药方。

中药药材的种类很丰富，不仅动物、植物可以入药，矿物也可以入药。李时珍也常到矿场，和矿工一起进入矿坑，认识了许多可以入药的矿物。他记载的矿物药品有275种。他还发现矿工如果长期待在铅矿坑中，皮肤会发黄，肚子发胀不能吃东西，最后致其死亡，这些都记载在他的著作中。

李时珍一边搜集资料，一边实地考证前人药书里的种种疑点。

南北朝时期的名医陶弘景所著的《本草经集注》中记载：“穿山甲在岸上装死，张开鳞片引诱蚂蚁，然后潜入水中，让蚂蚁浮在水面，再一口吞掉蚂蚁，就这样靠吃蚂蚁来维持生命。”李时珍为了考证这种说法是否正确，在猎人的帮助下，捉了一只穿山甲。

他们剖开穿山甲的胃，在里面发现了大约一升的蚂蚁，证明了穿山甲确实是食蚁的动物。

李时珍又进一步发现，穿山甲是把蚂蚁穴挖开，再用舌头去舔食蚂蚁的。他把这件事记录了下来，纠正了《本草经集注》中的错误。

李时珍很重视民间的经验。一天，李时珍来到一个驿站，看到一群车夫在煮鼓子花。他很奇怪，便上前询问。车夫告诉他：“吃鼓子花可以增加力气。”李时珍亲自尝试后，在其著作中写道：“鼓子花对跌打损伤有效，又可以增加力气，活络筋骨。”

为了搜集更多的药材，做更广泛的调查研究，李时珍及其学生有时搭船，有时坐车，有时骑驴，沿路向药农和药商请教。

在路上，他们不只留心药材，还随时搜集治病的方法。有一次，他们遇到了大雨，只好在山谷里的猎人家里借住下来。

猎人告诉他们很多关于山禽野兽的知识，李时珍听得津津有味，一直追问不停。大家越谈越尽兴，一直聊到三更半夜，才各自休息。

李时珍探访过湖北的武当山，去过江西的庐山，也游历过南京、安徽等地。每到一个村镇，他都不放过搜集药方的机会，随时随地向当地人请教。他求教对象的范围非常广，包括药学专家、老农、村妇，以及山里的樵夫或水边的渔夫等。

在漫长而艰辛的游历过程中，李时珍研读了一千多种医药书籍，足迹遍布大江南北，搜集了许多关于植物、动物、矿物和民间药方的资料。他厚厚的笔记本里，记载了许多非常有价值的信息。

经过资料搜集和编写，李时珍的《本草纲目》的初稿，终于完成了。

全书完成的这天，李家老老少少，个个欢天喜地，简直比过年还高兴。而这时的李时珍已经是61岁须发苍白的老翁了。

初稿完成之后，李时珍又花了10多年的时间，废寝忘食地修改初稿，最终编写出《本草纲目》这部伟大的药学巨著。这部著作总结了16世纪以前中国的医药知识和经验，记录了李时珍个人的研究成果。全书一共有52卷，分成16部、60类，记载了1095种植物类药物，440种动物类药物，357种矿物类药物。其中李时珍总结民间经验后所增加的药有374种，书后还附有处方11096则和各种矿物、植物的插图1100余幅。

不过，书虽然写出来了，但面对这部苦心孤诣的著作，七十多岁的李时珍在书房中，一会儿长吁，一会儿短叹。因为没有钱请人排版印刷，这部书就不能流传开来。

年老的李时珍拉着驴车，带着书稿，亲自到黄州、武昌、南京等地，寻找书商帮他出版。可是，《本草纲目》里写了不少反对炼丹的意见，书商怕不符合大众的观念，都不愿意为其出版，纷纷拒绝了李时珍的请求。

两年以后，南京的书商胡承龙看到这部书，认为这是一部了不起的著作，愿意出钱刻印。病重的李时珍听到这个消息时，不禁兴奋地流下了眼泪。

他躺在病床上，盼望着《本草纲目》早日出版。可是，书还没印好，76岁的李时珍便带着遗憾离开了人世。3年后，也就是公元1596年，《本草纲目》才在南京正式出版。

《本草纲目》一问世就受到了人们的喜爱，人们纷纷翻刻、抄写。后来，这部伟大的著作，还被翻译成日、法、俄、德、英等多种文字，流传到世界各地，西方人称赞它是“东方医学巨著”。

穿越历史的仰望
李冰
治理水患，成就“天府之国”
步印童书馆 著/绘
電子工業出版社
Publishing House of Electronics Industry
北京·BEIJING

图书在版编目（CIP）数据
李冰：治理水患，成就“天府之国” / 步印童书馆著、绘. --北京：电子工业出版社，2022.3
（穿越历史的仰望）
ISBN 978-7-121-42810-4

Ⅰ.①李… Ⅱ.①步… Ⅲ.①李冰（战国）—生平事迹—少儿读物 Ⅳ.①K826.16-49

中国版本图书馆CIP数据核字（2022）第018418号

本书插画只作为情节气氛的渲染烘托，不作为名物考证的依据。
特别鸣谢本书主要创作者郑利强先生。

责任编辑：季　萌　　特约编辑：田学清
印　　刷：汇昌印刷（天津）有限公司
装　　订：汇昌印刷（天津）有限公司
出版发行：电子工业出版社
　　　　　北京市海淀区万寿路173信箱　邮编：100036
开　　本：889×1194　1/16　印张：42.25　字数：285.4千字
版　　次：2022年3月第1版
印　　次：2022年11月第2次印刷
定　　价：268.00元（全15册）

本书咨询联系方式：（010）88254161转1860，jimeng@phei.com.cn。

李冰

李冰是战国时期的水利工程专家。李冰和他的儿子带领工人们修建的水利工程都江堰，就像给成都平原修建了一个“水龙头”，将成都平原从非涝即旱的多灾之地变成了富足的“天府之国”。这项水利工程，也是世界水利工程史上“罕见的奇迹”。2000多年来，都江堰一直发挥着巨大的排灌作用，为当地的农业生产提供保障。

李冰是怎么想到修建如此巧妙的水利工程的呢？请看下面的故事吧！

收听全部音频请使用微信
扫描上方小程序码

四川有个大盆地。盆地周围高山环绕，其中央地势又低又平，土壤肥沃。四川盆地又被称为“天府之国”。在那里生活的人们很悠闲，喜欢“摆龙门阵”。但是，你知道在修建水利工程之前，我们是如何称呼四川盆地的吗？

说出来你们肯定不相信，四川盆地曾有两个“外号”，一个是“泽国”，也就是洪水之国；另一个是“赤盆”，就是气候炎热的盆地。

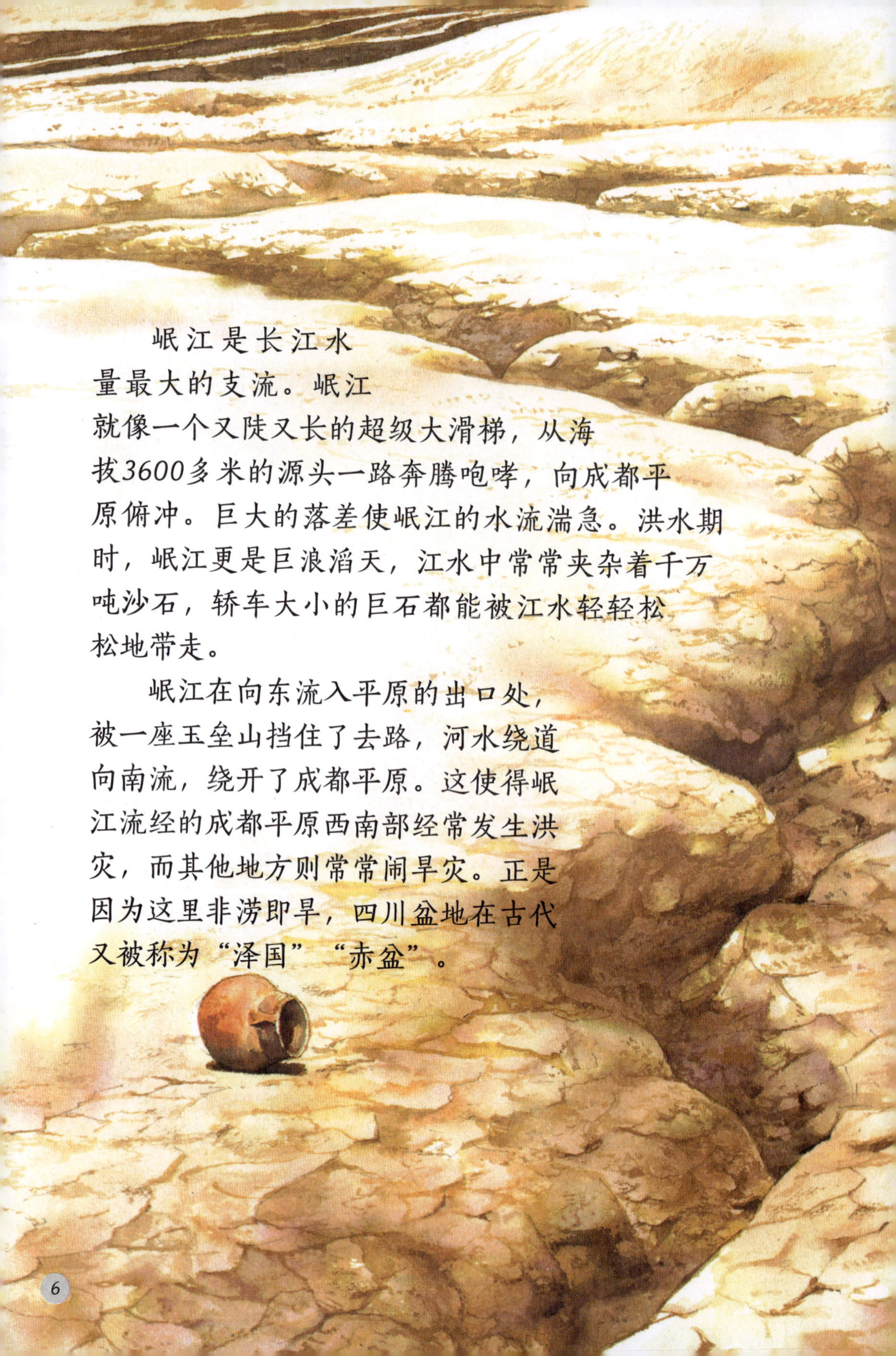

岷江是长江水量最大的支流。岷江就像一个又陡又长的超级大滑梯，从海拔3600多米的源头一路奔腾咆哮，向成都平原俯冲。巨大的落差使岷江的水流湍急。洪水期时，岷江更是巨浪滔天，江水中常常夹杂着千万吨沙石，轿车大小的巨石都能被江水轻轻松松地带走。

岷江在向东流入平原的出口处，被一座玉垒山挡住了去路，河水绕道向南流，绕开了成都平原。这使得岷江流经的成都平原西南部经常发生洪灾，而其他地方则常常闹旱灾。正是因为这里非涝即旱，四川盆地在古代又被称为“泽国”“赤盆”。

岷江几乎每年都发洪水，江水一涨，澎湃的水势把人们平日辛苦种植的稻田、搭建的房子和养殖的牲畜都冲得无影无踪。当地的居民真是苦不堪言！

公元前316年秋，秦国吞并蜀国，秦惠文王想以蜀国作为进攻楚国的后方基地。可是当时岷江水患严重，船只无法正常通行。后来，秦昭襄王派李冰出任蜀郡太守，负责治理水患，为进攻楚国做准备，也让沿岸的百姓不再受水患之苦。

李冰到任后，看着水灾造成的悲惨景象，听到百姓要求治水的呼声，下定决心治理岷江，让百姓安居乐业。

李冰带着其子二郎，邀请了几位有治水经验的乡民，一起到岷江勘察地形。他们不辞辛劳、跋山涉水，希望彻底了解水灾形成的原因。

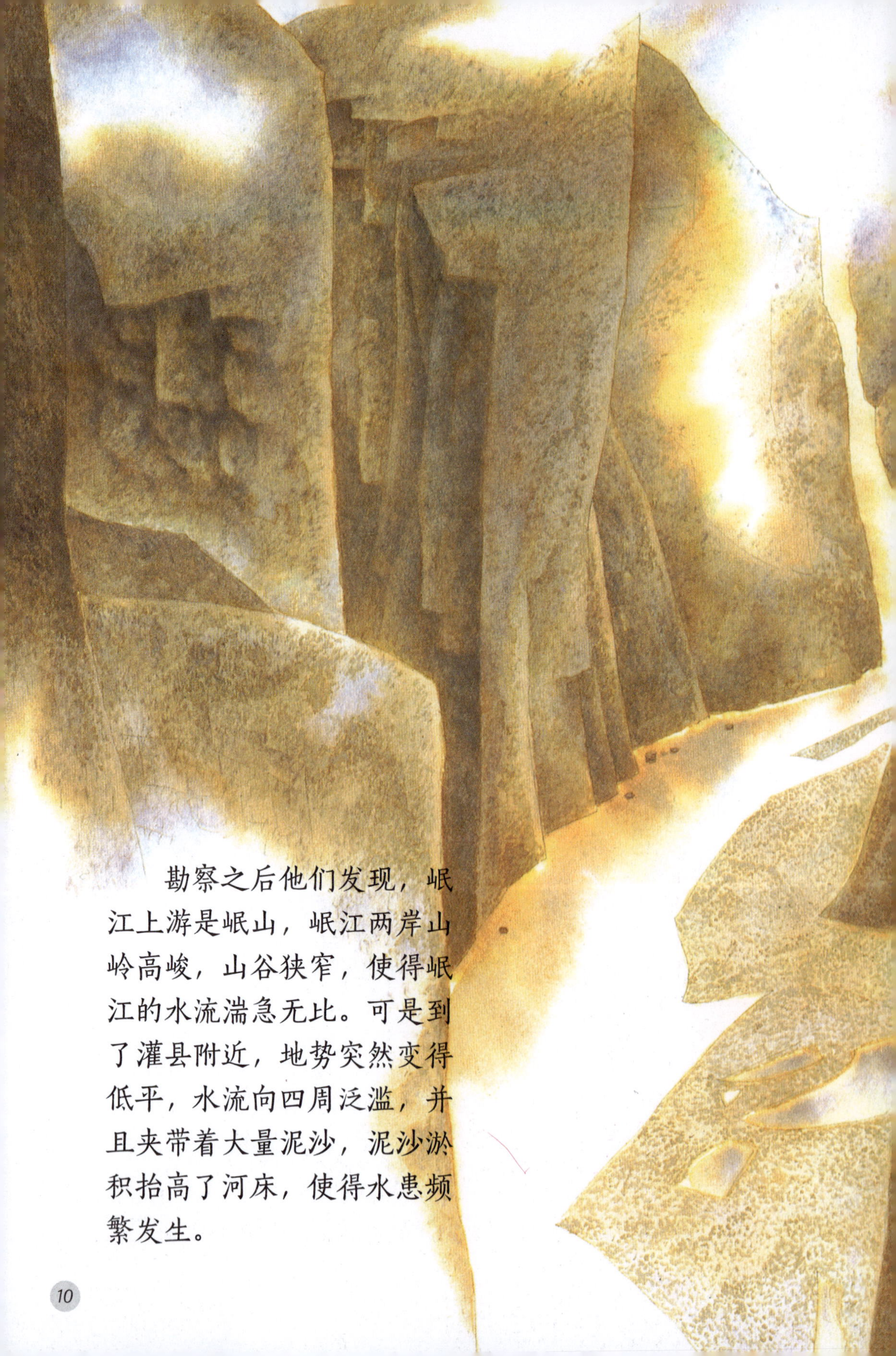

勘察之后他们发现，岷江上游是岷山，岷江两岸山岭高峻，山谷狭窄，使得岷江的水流湍急无比。可是到了灌县附近，地势突然变得低平，水流向四周泛滥，并且夹带着大量泥沙，泥沙淤积抬高了河床，使得水患频繁发生。

一到山雪融化或倾盆大雨的日子，岷江的水量骤然增加，大量江水流到地势低平、泥沙淤积的灌县，就形成了可怕的水灾。

不仅如此，灌县县城西南方向的玉垒山阻挡了水路，使得岷江不能向东流去。因此，每到洪水期，玉垒山的西边泛滥成灾，东边的成都平原却一片干旱。

经过大家的商议，李冰决定在玉垒山凿开一个缺口，让西边的水可以流到东边，使得岷江江水不再危害百姓的家园，还能灌溉成都平原的稻田。

这在当时是一个大胆而疯狂的决定。那时没有挖掘机、铲车、炸药，他们只能用铁棒、铁锤，靠人力一点一点开凿坚硬的山体。

在李冰的领导下，成千上万的人来到玉垒山脚下。只听见“嘿呦——嘿呦”的呼喊声和叮叮当当的斧凿声响成一片，人们干得热火朝天，为将来的幸福生活努力着。

太阳快下山了，大家累得东倒西歪地瘫坐在地上，山体却只被凿开了一点点。李冰望着坚固而高耸的玉垒山，着急地问：“有没有更快速的方法呢？”这时，一个老农夫大喊道：“李大人，我有一个办法，不知道灵不灵。”

老农夫教大家在山石上凿开浅沟，堆上树枝点火燃烧，待石头烧红后取岷江水浇泼，让石头因热胀冷缩而爆裂。经过试验，大家果然听见了一阵阵的爆裂声。

经过大家艰辛的劳动，一共花了8年时间，人们终于在玉垒山上凿出了一道底宽17米、长40米的缺口。

岷江水从缺口流向了成都平原，灌溉成都平原上的稻田。缺口像一个大钳（qián）子，牢牢地控制住了肆意横流的岷江水，人们还在平原上修建了引水渠，从缺口流出的水，一分二，二分四，四分八，无数的水渠像成都平原上的一根根血管，几千年来不停地灌溉着成都平原，让非涝即旱的成都平原从此“水旱从人，不知饥馑（jǐn）”。

成都平原形状似大肚瓶，而凿出的缺口就像瓶子口，源源不断向内灌水，因此人们称缺口为“宝瓶口”。

宝瓶口的海拔高度约为700米，成都平原的海拔高度约为500米，从宝瓶口流入的水不需要任何动力设备就能自流灌溉成都平原。

宝瓶口修好之后，李冰又发现了一个问题：因为宝瓶口的地势太高，上游流下来的水量不够，玉垒山东侧的平原没有获得足够的灌溉用水。怎么才能解决这个问题呢？李冰不停地想。“啊，有了！建一道分水堰，把岷江的水分成两股，再利用地势的落差让其中一股水可以靠着冲力，冲进宝瓶口！”想到这儿，他高兴地跳了起来。

为了保证流经宝瓶口的水量稳定，不至于枯水期水少，洪水期水又太多。李冰巧妙地利用岷江河道的特点和弯道环流原理，修建了鱼嘴形分流工程，把岷江分成内外两部分。由于水流的弯道环流原理，鱼嘴使得岷江水中八成的泥沙流向外江，二成的泥沙流向内江。开挖内江时，内江挖得比外江深。枯水期时弯道环流作用减小，六成的江水流向内江，四成的江水流向外江。洪水期时，弯道环流使得六成的江水流向外江，四成的江水流向内江。这就是著名的“二八分沙，四六分水”。

李冰带领大家把江边的鹅卵石用船运到江心，倒入江中，筑成了一道分水堰。

可是谁也没想到，好不容易才建好的分水堰又出现了问题。由于岷江水流太过湍急，石头垒起的分水堰被江水不分日夜地冲刷，不久，分水堰就被冲垮了！

李冰父子为此坐立不安，烦恼极了。他们只好再到岷江沿岸考察，希望能找出解决问题的办法。日子一天天过去了，李冰父子还是想不出好法子，大家开始发愁了。

这天，他们经过一条溪水旁，看见妇女们用竹席挡住溪水，从竹笼里拿出一件件衣服进行清洗。李冰的脑中突然灵光一闪：“啊！如果编一些大竹笼，里面装满鹅卵石，这样做成的分水堰一定不会被江水冲垮！”

为什么竹笼能起作用？与石头、石墙完全把水堵死不一样，竹笼里装有鹅卵石，石头与石头之间有缝隙，这种缝隙会减少水的压力，同时竹笼又能把许多鹅卵石固定在一起，使鹅卵石不易被冲散。这是一种有虚有实、虚实结合的解决方案。

李冰吩咐其子二郎带人到山上砍竹子、编竹笼。大伙儿劈竹子的劈竹子，编竹笼的编竹笼，做了许多长三尺、宽两尺的大竹笼，然后用它们装满鹅卵石，沉到江底。这些竹笼越堆越高，很快就在江中筑起了一道坚固的分水堰。

这个分水堰头部尖尖的，尾部宽宽的，因为横截面的形状很像“金”字，大家就叫它“金字堤”或“金刚堤”。再仔细看它那尖尖的头部，好像鱼的嘴巴，所以又叫它“鱼嘴”。这个分水堰就是有名的都江堰。

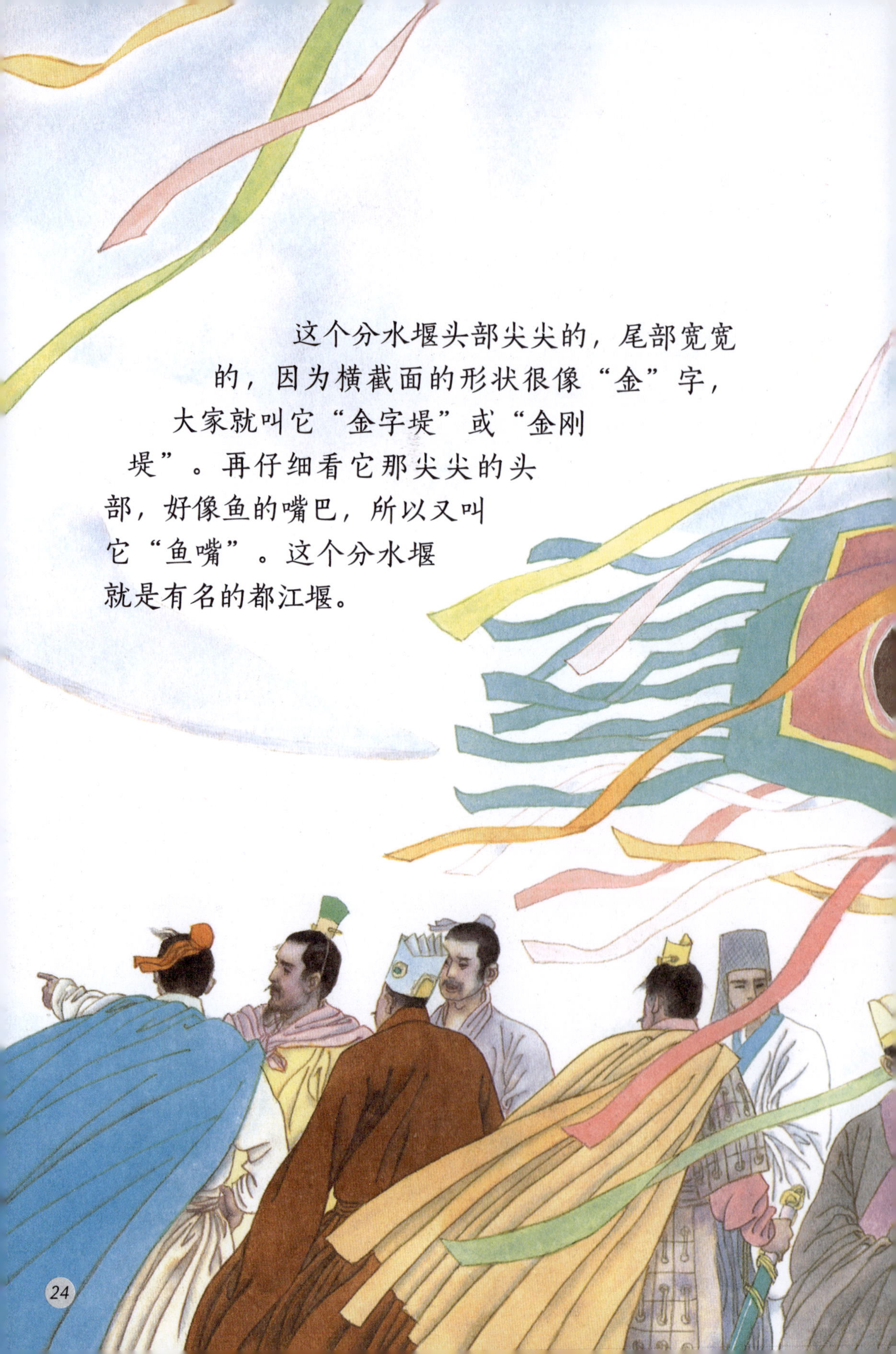

鱼嘴位于宝瓶口上游，把江水分成两股：向东流入宝瓶口的一支水流叫“内江”，又叫“都江”，这是灌溉成都平原的主要水源；向西流的一支叫“外江”，是岷江的主流。

为了调节内江水量，使内江的水量稳定，李冰在鱼嘴的尾部筑成了“飞沙堰”。它比堤岸低，如果水量大增，内江过多的水，就可以经飞沙堰回到外江。这样一来，就不会发生旱灾和水灾了。

李冰怕内江的水太多，会溢满飞沙堰的水道，就在飞沙堰上端修建了“平水槽”。在内江过多的水还没流到飞沙堰之前，平水槽可以分担部分江水，让内江保持平衡的状态。李冰实在是一个又聪明又有创造力的人！

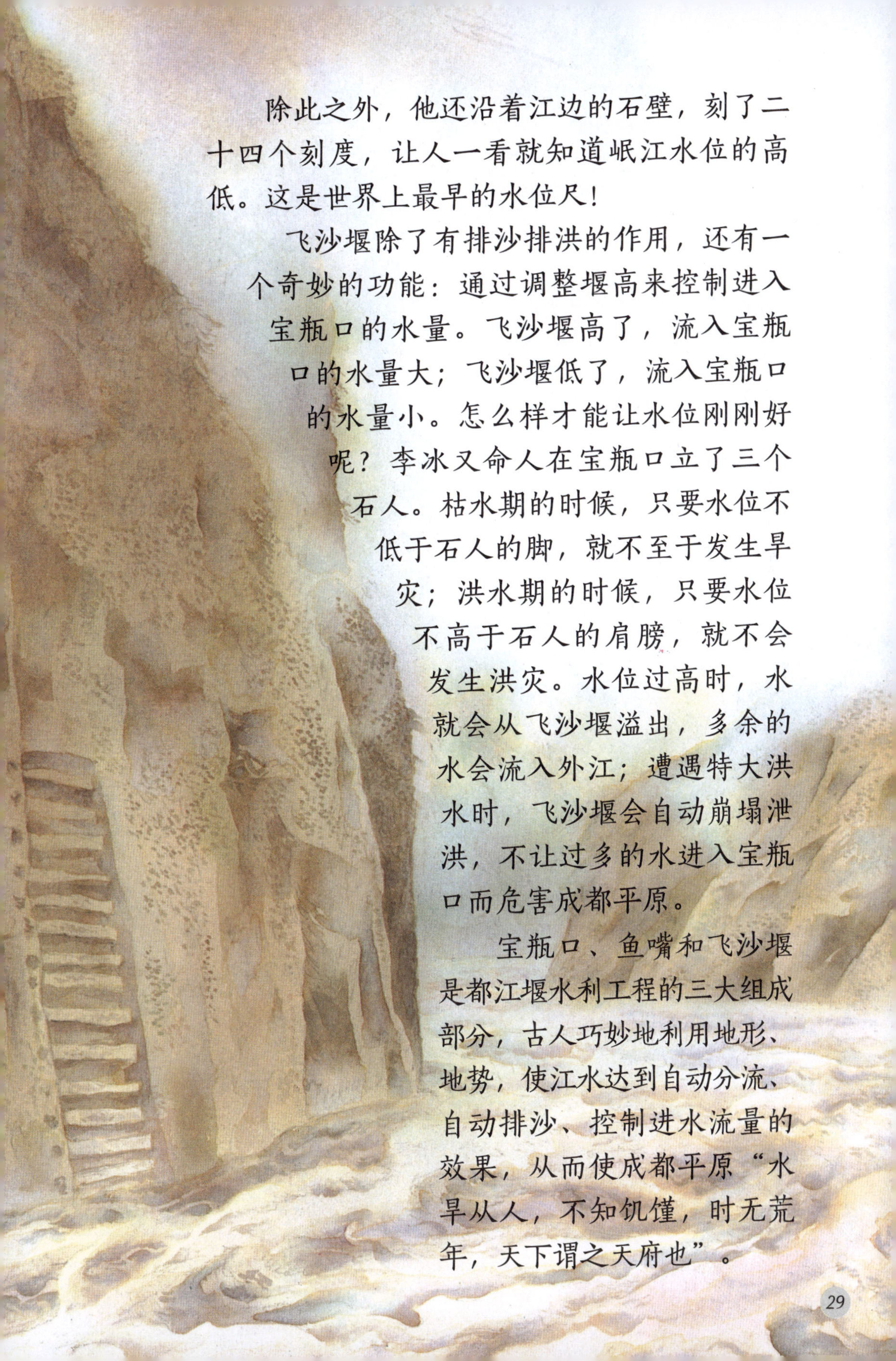

除此之外，他还沿着江边的石壁，刻了二十四个刻度，让人一看就知道岷江水位的高低。这是世界上最早的水位尺！

飞沙堰除了有排沙排洪的作用，还有一个奇妙的功能：通过调整堰高来控制进入宝瓶口的水量。飞沙堰高了，流入宝瓶口的水量大；飞沙堰低了，流入宝瓶口的水量小。怎么样才能让水位刚刚好呢？李冰又命人在宝瓶口立了三个石人。枯水期的时候，只要水位不低于石人的脚，就不至于发生旱灾；洪水期的时候，只要水位不高于石人的肩膀，就不会发生洪灾。水位过高时，水就会从飞沙堰溢出，多余的水会流入外江；遭遇特大洪水时，飞沙堰会自动崩塌泄洪，不让过多的水进入宝瓶口而危害成都平原。

宝瓶口、鱼嘴和飞沙堰是都江堰水利工程的三大组成部分，古人巧妙地利用地形、地势，使江水达到自动分流、自动排沙、控制进水流量的效果，从而使成都平原“水旱从人，不知饥馑，时无荒年，天下谓之天府也”。

分水堰建好了，可是李冰还是不放心。二郎看到父亲忧愁的模样，问道：“爹，您还在担心什么呢？”李冰叹口气说：“唉！岷江的水又浊又黄，携带着大量的泥沙。泥沙不断向下堆积，迟早会发生水灾！”

父子俩默默地对着岷江边的泥沙发呆。二郎突然说："爹，我们在上游把水拦截，不就可以把下游的泥沙挖干净了吗？"想了一会儿，二郎又说："哎呀，不行！这江水又大又急，把它拦住，会闹水灾的！"

二郎正望着汹涌的岷江伤脑筋时，李冰突然抓住他说："我们可以在岷江水量少的季节，把上游中的一条河道堵住，去挖泥沙，而让江水从其他河道通行，下游就不会泛滥成灾了呀！"

回家的路上，父子俩兴奋地讨论个不停，根本没有注意到天色已经暗了。进了家门，李冰饭也顾不上吃便直接走进书房，查阅岷江春、夏、秋、冬四季水量的资料。直到深夜，他才得出冬季霜降时节岷江水量最少的结论。

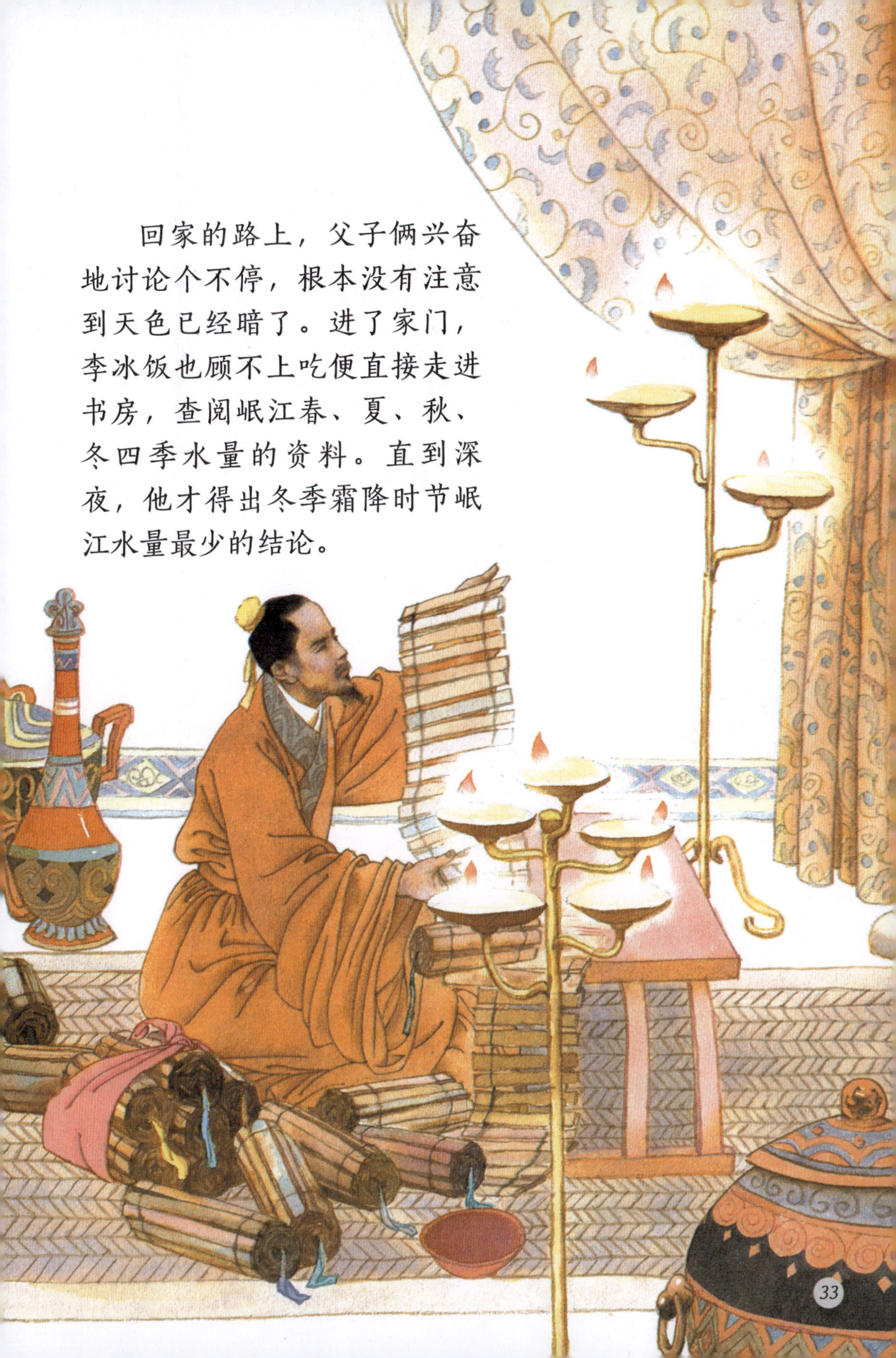

第二天清晨，一夜没睡的李冰站在宫殿门口，看着刚升起的太阳，心里想着要用什么来挡住江水。他左看右看，看到墙边放着挡车用的杩槎（mà chá），灵机一动，想出了一个好办法。

李冰召集乡民，在一根大木头的两端，分别绑上木头三脚架，做成杩槎，然后在杩槎下方吊上装满鹅卵石的大竹笼。在大竹笼上绑上铺满黏土的竹席，将其运到江中作为临时的水坝。

等啊等，终于等到了霜降时节，李冰命人把一排排特制的杩槎沉入外江，将外江的水流引入内江。然后，大家拿着铲子和簸箕，拼命铲挖外江河床上的泥沙。

第二年立春时，趁着岷江的水量还未上涨，大家又依照李冰的指示，拦住内江的水，让水流向外江，把淤积在内江河床上的泥沙挖干净。

夏、秋两季是洪水期，大家把杩槎移开，让岷江强劲的水流顺畅地下泄。没有泥沙的堵塞，再加上鱼嘴和飞沙堰的调节，岷江水乖乖地流着，再也没有作怪。

李冰把治水的经验归纳为“深淘滩，低作堰”六个字，并把它们刻在岷江东岸的石壁上。他希望都江堰的设计、规划、施工方案可以成为后世修建大型水利工程的参考。

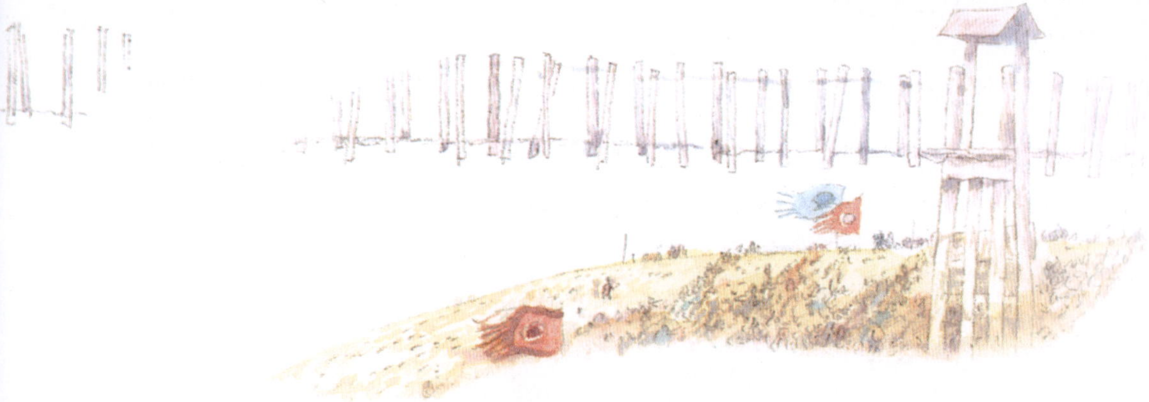

“深淘滩”就是要清除堆积在河床上的泥沙，让江水顺利地流过去，避免出现水位暴涨，引发洪灾。

李冰为了让人们了解河床应该挖到什么深度，在河床上放置了一匹石马，告诉大家，挖沙的时候，挖到石马的位置就可以了。

“低作堰”就是指把飞沙堰的堰顶修筑得低矮一些，以便实现泄洪排沙的功能。

直到今天，“深淘滩，低作堰”仍然是水利工程领域的至理名言呢！

都江堰的设计思路是因势利导，因地制宜，而且在完全不破坏自然环境的前提下达到了引水灌溉的目的。都江堰水利工程不是一个一劳永逸的工程，它需要每年维修，这被称为“岁修”。由于都江堰关系到整个成都平原的安危，每年的岁修是四川地区的头等大事。每家每户都要派人参加，而且全都是义务劳动。岁修通常在冬季枯水期进行，此时正好是农闲时期，岁修工程通常会持续到第二年的清明节前，长达5个月。从清明节开始，成都平原进入春播期，需要岷江水的灌溉，而被修整一新的都江堰也做好了准备。

李冰主持修建的都江堰，其位置选择得恰到好处，规划也十分合理。他对分水的鱼嘴、引水的宝瓶口、泄洪的飞沙堰的设计，完全符合现代的工程学理论，真是一项了不起的水利工程。

都江堰水利工程完工以后，成都平原得以灌溉，稻穗累累，物产丰饶，人们的生活也富足安康，成都平原因此被称为“天府之国”！

四川人非常尊敬和感激李冰父子，不但尊称李冰为“川祖”，还盖了一间“二王庙”以纪念李冰父子。都江堰修建之后，当地人每年都会在清明节这一天举行隆重的放水仪式（今天的“放水节”），即把挡水的杩槎移开，开堰放水，这一仪式一直保留到现在。放水时，四川地区的百姓蜂拥而至，如同在过盛大的节日。开堰前主祭官要先到二王庙祭拜李冰父子，然后前往鱼嘴，在鞭炮声和百姓的欢呼声中举行开堰放水仪式。

2300多年来，都江堰一直是世界水利工程史上的成功典范。

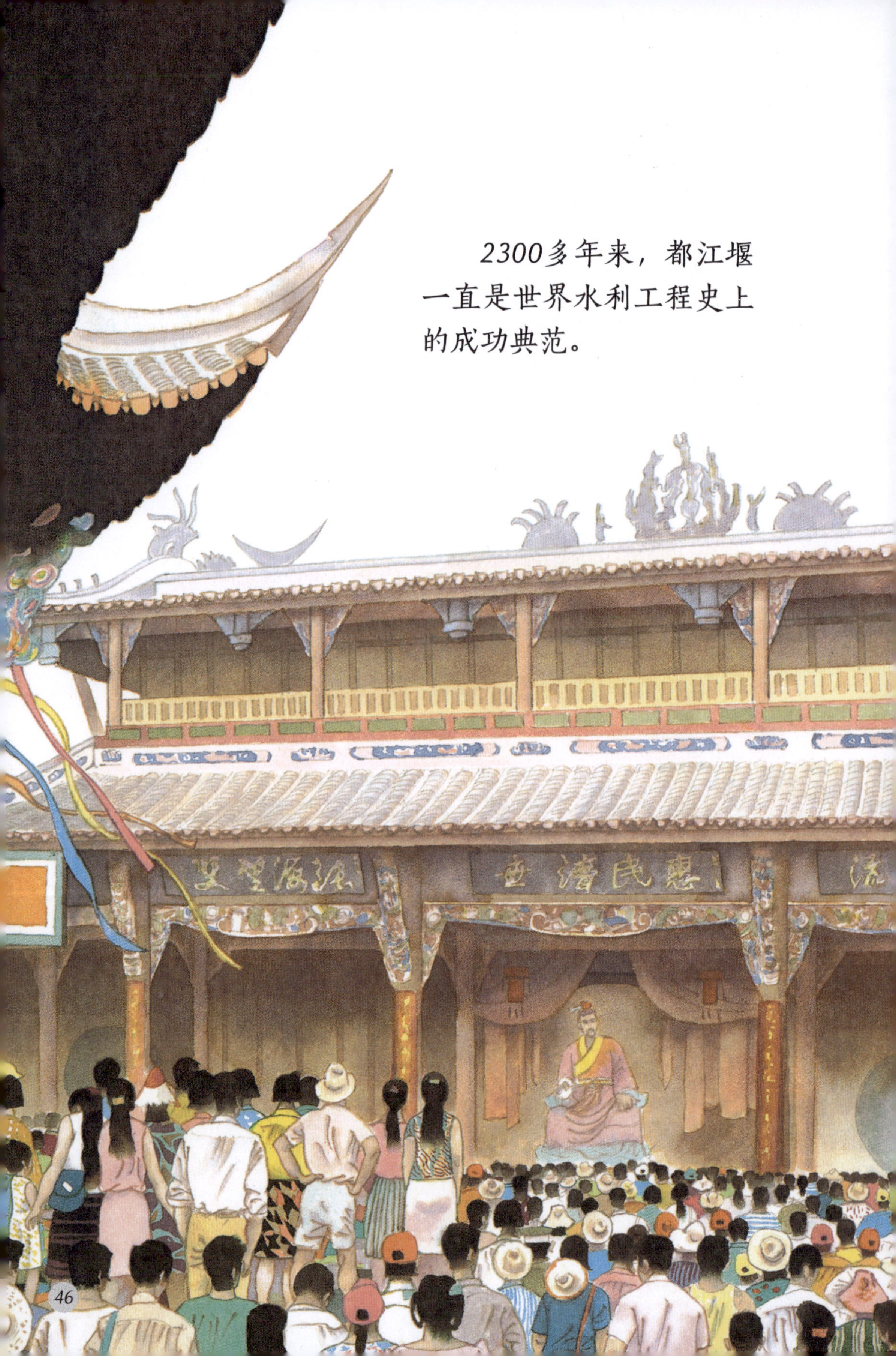

都江堰是世界上最古老的、至今仍在发挥作用的引水工程。李冰父子巧妙利用山形水势，完美地解决了防洪、灌溉、排沙、分流等水利工程领域中的诸多难题。

与西方文明相比，中国古代的水利工程规划理念和技术内核少有征服自然的意识，它蕴涵的生命力和文化的魅力来自对自然和河流的尊重。这也是中国天人合一的哲学理念在水利工程中的完美体现。

穿越历史的仰望

蔡伦

蔡侯纸的来龙去脉

步印童书馆 著/绘

電子工業出版社
Publishing House of Electronics Industry
北京·BEIJING

图书在版编目（CIP）数据

蔡伦：蔡侯纸的来龙去脉 / 步印童书馆著、绘. --北京：电子工业出版社，2022.3
（穿越历史的仰望）
ISBN 978-7-121-42810-4

Ⅰ.①蔡… Ⅱ.①步… Ⅲ.①蔡伦（?-121）—生平事迹—少儿读物 Ⅳ.①K826.16-49

中国版本图书馆CIP数据核字（2022）第018420号

本书插画只作为情节气氛的渲染烘托，不作为名物考证的依据。
特别鸣谢本书主要创作者郑利强先生。

责任编辑：季　萌　　特约编辑：田学清
印　　刷：汇昌印刷（天津）有限公司
装　　订：汇昌印刷（天津）有限公司
出版发行：电子工业出版社
　　　　　北京市海淀区万寿路173信箱　邮编：100036
开　　本：889×1194　1/16　　印张：42.25　　字数：285.4千字
版　　次：2022年3月第1版
印　　次：2022年11月第2次印刷
定　　价：268.00元（全15册）

凡所购买电子工业出版社图书有缺损问题，请向购买书店调换。若书店售缺，请与本社发行部联系，联系及邮购电话：（010）88254888，88258888。

质量投诉请发邮件至zlts@phei.com.cn，盗版侵权举报请发邮件至dbqq@phei.com.cn。

本书咨询联系方式：（010）88254161转1860，jimeng@phei.com.cn。

蔡伦

蔡伦是东汉时期的发明家，他总结了前人的造纸经验，并对造纸技术进行了革新。用蔡伦改进的造纸术造纸，取材方便，造出的纸张既轻薄又柔韧，价格也很便宜。他的造纸术，也沿着丝绸之路，向中亚、欧洲及整个世界传播，对全世界的文化传播做出了重大贡献。蔡伦改进后的造纸术，也被称为中国古代“四大发明”之一。而这一切，都和他巧妙运用破渔网和破布头有关。想知道蔡伦是怎么造纸的吗？请看看书中的故事吧！

“哇，好重啊！”
“是呀，累死我啦！”两个小杂役正在气喘吁吁、汗流浃背地搬运着一大堆竹简穿过花园。其中身材矮小的太监有气无力地说：“喂，喜儿！可不可以先歇一会儿？”

叫喜儿的小杂役摇摇头：“小桂子，再忍耐一下吧！蔡大人办公的地方快到了，他正等着要这些竹简呢！”小桂子好奇地问：“蔡大人是怎样的一个人呢？他脾气很坏吗？”

喜儿说：“才不呢！蔡大人为人和善，又有学问。他本来也跟我们一样是个小杂役，不过由于他很有才学，皇上非常赏识他，任命他当尚方令，负责给皇上制造器物。”

两人边走边说地来到蔡伦办公的地方。“大人，您要的竹简都搬来了。”喜儿向正在埋头研究的蔡伦报告。蔡伦缓缓地抬头说：“两位辛苦啦，那些竹简已经年代很久了，请小心地将它们放在那张长几上。”

两个小杂役小心翼翼地将竹简轻轻放好，总算可以喘口气了，于是他们边用袖子扇风边擦汗。这时，喜儿忍不住问：“大人，您天天都得看这么多竹简吗？”

蔡伦站起来说：“是啊！往来的公文都书写在竹简上，今天我要查阅过去的档案，所以劳烦你们搬来这些竹简。”他叹口气，接着说：“唉！竹简真不方便，不但笨重，年代久了还容易脱落、丢失呢！”

喜儿听了不禁点点头说：“嗯，的确如此。我听说，从前秦始皇每天批阅的竹简文书重达一百二十斤呢！”

小桂子也附和说：“对对对，我也听宫里的老太监说，前朝的东方朔大人，光写封信给汉武帝，就用了三千多片简牍，还动用了两位身材魁梧的大力士才搬进了宫里。”

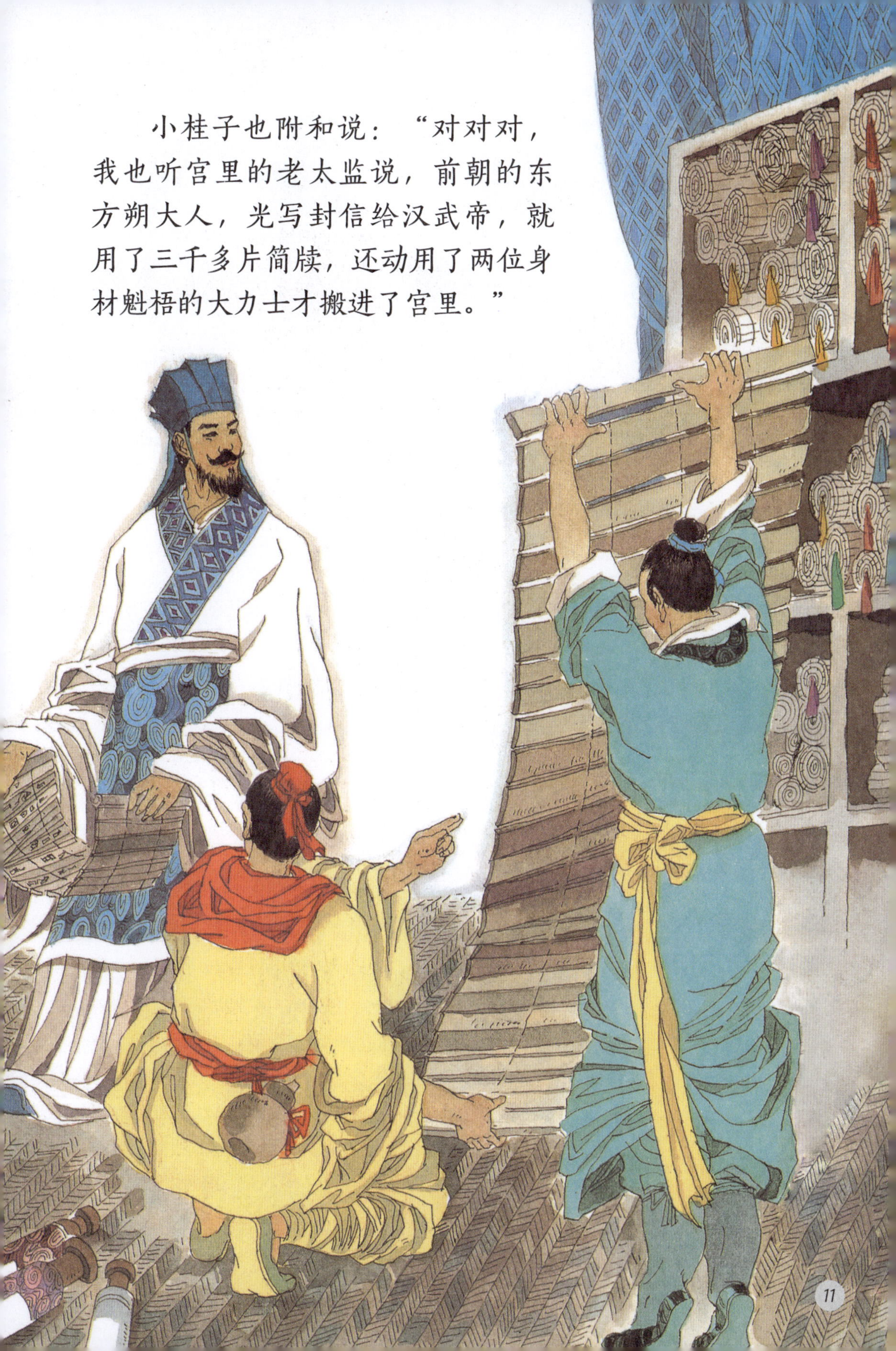

蔡伦点点头说："是啊，真是令人伤脑筋！"喜儿歪着脑袋，好奇地问："咦？不可以用绢代替竹简吗？绢既轻软，又方便携带。"蔡伦说："这个方法是不错，可是绢太昂贵，要七百二十斤大米才能换到一匹绢，一般的公文用它书写，太劳民伤财了。"

蔡伦继续说："我阅读了许多资料，发现妇女们在煮蚕茧缫（sāo）丝时，常常会在竹席上留下一片片的丝片，听说有人利用它来书写。"

小桂子兴奋地说：“啊，那东西我晓得！我还没进宫的时候，在家乡看过丝绵坊的工人工作。他们在缫丝时，都会先挑出品质好的蚕茧来抽丝，用不太好的蚕茧做次级的丝绵。”

蔡伦听了很感兴趣，便鼓励小桂子继续说下去。小桂子说：“他们先把品质不好的蚕茧用水煮沸，脱去胶质，然后把它们铺在竹席上，浸入水中反复捶打，再放在水中漂洗，这些蚕丝就成了丝绵。”

小桂子停了一会儿，又继续说：“由于不停地捶打，有些丝被打断了，变成残絮断丝遗留在竹席上。虽然这些蚕丝都经过脱胶处理，可是断丝中还残留着胶，所以竹席一晾干，这些丝就会连成一张张薄片。”

蔡伦点点头说："嗯，这种薄片我看过，不过质地太粗糙了，不太适合书写，而且也不够有韧劲，一不小心就会弄破。如果能将它加以改良，说不定可以用来书写。"

除了宫里的工作，蔡伦平常都沉浸在自己的研究中。一到朝廷休假的日子，他不是关着门读书，就是到郊外田野散步，思考问题。

这天是休假的日子，蔡伦来到京都附近的丝绵坊，向那里的工人请教了一些问题。他仔细看了看残留在竹席上的纤维片，发现纤维非常不均匀地缠绕在一块，使得它非常粗糙、不平整，不便于书写。

蔡伦心想：若是能将这些纤维完全打散，使它分布均匀，结实地交织在一起，或许就可以用来书写了。于是，他兴冲冲地找了几个工人，帮他做实验。

首先，他请工人将收集来的纤维片浸湿后放进石臼捣烂，再平铺在席子上晾干。果然，干了以后的纤维片均匀、细致多了。

可是，这些丝绵纤维片的原料是蚕茧，蚕茧的数量有限，根本无法大量生产。蔡伦皱着眉头自言自语起来：“哎呀，不行！还得想办法！”

蔡伦离开了丝绵坊，一个人漫步在河堤上。他边走边想："真伤脑筋啊！要用什么来代替丝绵纤维呢？"

突然，"咚"的一声，蔡伦不知道被什么东西绊倒，跌坐在地上。

他抚摸着受伤的腿部，朝脚下定睛一看：哦，原来是一堆破渔网！

蔡伦捡起一团渔网仔细地观察。大概是因为经过长期的风吹、雨打和日晒，这团渔网已经开始腐烂了，不过仍然看得见它又细又长的纤维。

突然，蔡伦灵机一动："除了破渔网，还有被人们丢弃的破布、麻头、树皮，能不能做出纤维片呢？要是能用该多好，这些东西既便宜，数量又多。"

想到这儿，蔡伦顾不得腿疼，连忙三步并作两步，跑回了宫里。

第二天一早，蔡伦迫不及待地派喜儿、小桂子去找几个工人来协助他做实验。

工人找来后，蔡伦交代他们分头去找些破布、破渔网、麻头、树皮等废料回来。

没多久，工人便从各处搜集了好多破布、破渔网、麻头、树皮等废料，满满地堆在工作场。

蔡伦对大家说：“我们把这些原料浸泡后，彻彻底底地捣烂，用大火蒸煮，然后将浆液铺在竹席上晾干就能制出纸。”说完后，他开始给工人分配工作。

工人依照蔡伦的指派，开始工作。顿时，工作场内忙碌了起来，有人负责捣烂原料，有人负责蒸煮原料，有人负责把浆液倒在竹席上。

蔡伦仔仔细细地监督、指导、检查每个步骤，一点儿也不敢放松。这时，有个工人过来报告说，原料的水分太多，一直晾不干。

蔡伦连忙跑过去，他站在那儿想了一会儿，然后吩咐工人把浆液倒在竹席上，再用另一张竹席压去水分。果然，纤维片就干得比较快了，而且压过的纤维片也比原来的纤维片薄了许多。

在一旁干活的工人也建议：“蔡大人，我们或许可以在纤维片半干时，用火将它烘干，这样会干得快些！”蔡伦听了连连称赞说：“嗯，好主意！我怎么没有想到呢？”

于是，工人连忙把一片片晾在竹席上的半干的纤维片搬到大火炉旁边烘干。

果然，纤维片很快就干了。工人把烘干的纤维片一张一张地揭下来，高兴地对蔡伦说：“大人请看，成品出来了！”

蔡伦看到这一张张轻巧的纤维片，兴奋极了！连忙吩咐说：“快，快去拿笔砚来，我来试试看！”蔡伦试了以后发觉这种纤维片十分光滑，又能吸墨，很适合书写。

但是，蔡伦还不满足，继续带领工人一次又一次地进行实验，不断改进纤维片的制造工艺，希望纤维片的品质能够更好。

到了公元105年，蔡伦将这个重大的成果，向汉和帝报告。汉和帝高兴极了，还通令全国使用蔡伦的方法制作纤维片。很快，蔡伦研究并改良的纤维片便被大家广泛接受。9年后，蔡伦被封为龙亭侯，于是人们便将这种纤维片称为“蔡侯纸”。

后来，蔡伦的造纸术传到朝鲜、日本及欧洲各地。后人为了纪念蔡伦的贡献，在他的故乡湖南耒（lěi）阳建造了蔡侯祠。

虽然有人说：在蔡伦以前就有了纸，蔡伦只是把造纸的原料和技术改进了而已，他并不是第一个发明造纸术的人。但是，蔡伦在改进造纸术方面的功劳，仍然值得后人铭记。

穿越历史的仰望

毕昇

小工匠成为印刷革命家

步印童书馆 著/绘

電子工業出版社
Publishing House of Electronics Industry
北京·BEIJING

图书在版编目（CIP）数据
毕昇：小工匠成为印刷革命家 / 步印童书馆著、绘. --北京：电子工业出版社，2022.3
（穿越历史的仰望）
ISBN 978-7-121-42810-4

Ⅰ. ①毕…　Ⅱ. ①步…　Ⅲ. ①毕昇－生平事迹－少儿读物　Ⅳ. ①K826.16-49

中国版本图书馆CIP数据核字（2022）第018421号

本书插画只作为情节气氛的渲染烘托，不作为名物考证的依据。
特别鸣谢本书主要创作者郑利强先生。

责任编辑：季　萌　　特约编辑：田学清
印　　刷：汇昌印刷（天津）有限公司
装　　订：汇昌印刷（天津）有限公司
出版发行：电子工业出版社
北京市海淀区万寿路173信箱　邮编：100036
开　　本：889×1194　1/16　　印张：42.25　　字数：285.4千字
版　　次：2022年3月第1版
印　　次：2022年11月第2次印刷
定　　价：268.00元（全15册）

凡所购买电子工业出版社图书有缺损问题，请向购买书店调换。若书店售缺，请与本社发行部联系，联系及邮购电话：（010）88254888，88258888。

质量投诉请发邮件至zlts@phei.com.cn，盗版侵权举报请发邮件至dbqq@phei.com.cn。

本书咨询联系方式：（010）88254161转1860，jimeng@phei.com.cn。

毕昇

毕昇是北宋时期的发明家，他出生在淮南路（属于现在的湖北省）。毕昇发明的活字印刷术是中国古代“四大发明”之一。活字印刷术让文字的传播更为便捷，对中国和世界各国的文化交流做出了非常大的贡献。不过，在当时，毕昇仅仅是一个每天都要做雕版的小工匠。他是怎么想到要发明活字印刷术的呢？

北宋天圣四年（公元1026年），一个秋天的早晨，钱塘江上停着三三两两的渔船。打鱼的人们正忙着撒网捕鱼。15岁的毕昇穿着破烂的衣裳，站在一艘老旧的小船上，吃力地撒着网。

他一边使劲儿拉网，一边烦恼着：爹因为欠了别人的钱，被活活逼死了，只剩下娘和我相依为命，往后的日子该怎么办呢？

想着想着，毕昇禁不住长叹一口气。

毕昇总是在把捕到的鱼送到市场之后，才赶到学堂上课，同学靳宗华亲切地拉着他坐在一块儿。可是，同桌的富家子弟望天书说：“走开！一身鱼腥味臭死人了！打鱼的人也想念书求取功名，真是不知道天高地厚！”

毕昇气愤地站了起来，眼里闪着泪光说：“打鱼的人身上是有一股鱼腥味儿，不过，再怎么臭，也比不上你满身的铜臭味儿，还是拿钱去买个老乡贡吧！”

（老乡贡指的是不经过学馆考试，而由州县推荐应试科举的士子。）

不料，毕昇的一番话，全被在门外的老乡贡和雕版作坊的老板皮子龙听见了！老乡贡暴跳如雷，抓起桌上的戒尺丢向毕昇，气呼呼地说：“我好心三年没向你要学费，你居然贬低起我的身份来！”

老乡贡大声嚷着："把三年的学费拿来！"毕昇的老师赶紧拦住老乡贡，为毕昇求情。老乡贡理也不理，拉着皮子龙转身就要走。这时，皮子龙正拿着毕昇的抄写本，爱不释手地翻阅着。

离开学堂后，皮子龙对老乡贡说：“毕昇的字写得不错，我想收他当雕版匠。”老乡贡冷笑着说：“他特别笨，只适合打鱼！”后来，皮子龙为毕昇补交了三年的学费，老乡贡才放过毕昇。

皮子龙希望毕昇跟他到杭州学雕版，毕昇担心母亲没有人照顾，迟迟拿不定主意。这天，邻居刘老伯带着一位姑娘来到毕昇家，说：“阿香是个孤儿，无依无靠，怪可怜的，就让她住在你家吧！”

毕昇的母亲看阿香的模样清秀，身世又可怜，就留下了她，并对毕昇说：“昇儿，让阿香陪着娘，你尽管放心地去杭州学习雕版吧！”

毕昇跟着皮子龙的管家范海来到杭州。只见街道两旁的店铺门上贴着印刷精致的年历、门神、春联……这些景象深深地吸引了毕昇。

毕昇被安排在一家名叫播文堂的雕版工作坊，跟着师傅陈大亮认真地学习。毕昇既勤快又仔细，刻出的板既准确又美观。很快，十七岁的毕昇正式成为一名雕版匠。

辛苦的雕版工作，使毕昇常常感到腰背酸疼，头晕眼花。这天，他刻着刻着，觉得很疲倦，随手把刻刀戳在雕版上，一边捶背，一边想：“难道就这样刻一辈子吗？”

这时，管家范海过来叫毕昇送雕版到印刷房。毕昇走后，范海突然看到毕昇的刻刀，不偏不倚地戳在雕版中的一个“赵”字上。范海神秘一笑，拿走雕版交给老板皮子龙。要知道，“赵”可是皇帝的姓氏，毕昇可是一不小心犯了大忌。

一天，毕昇扛着雕版走在路上，突然被一张“千佛图”吸引了。他忍不住走上前，只见一个老婆婆将木头做的印章蘸上墨汁，就将佛像印在了纸上。没一会儿，就印好了一张又一张的“千佛图”。

毕昇目不转睛地盯着佛像和印章，若有所思。突然，他拍着手叫了起来："好方法！一枚小小的印章，就能印出这么多佛像！"

毕昇继续往前走，看见一群木匠，他们正在将雕版上的字一个个刮掉。原来，有部书被皇帝禁印了，因此印书用的58600块雕版，全部要被刮平。毕昇想：天哪！这得刮到什么时候啊？

这天夜里，在暗淡的灯光下，毕昇的师傅陈大亮不小心刻坏了一个字，还弄伤了手指。旁人见了赶紧撕下衣服，替陈大亮裹住伤口。陈大亮叹口气说："唉！刻坏一个字，整个版都废了，还要扣我的工钱呢！"

毕昇说：“师傅，别担心，我有好法子！”说着，他把刻坏的字挖掉，在原处凿了一个小方洞，将字重新刻在一块儿小方木上，并将小方木塞进小方洞里，压平。大伙儿看了，纷纷称赞毕昇聪慧过人。

补字的成功和“千佛图”的启发，使毕昇有了改良雕版印刷技术的念头。突然，他兴奋地站了起来，大声说：“我找到方法了，我们可以制作活动的字。”大家疑惑地问：“什么是活动的字？”

毕昇激动地说：“我们雕版匠的工作实在太辛苦了！假如能将每个字单独雕刻出来，在印一部书时，把拆散的字按照书中的文字组合起来，这样不就方便多了吗？”大家一听，纷纷点头说：“希望有那么一天！”

毕昇在雕版匠们的支持下，将废弃的雕版锯成一个个小字块，按照书中的内容将字块进行组合。可是怎样才能把字块固定在底板上呢？毕昇左思右想，就是想不出好办法！

毕昇试验了各种材料后发现，用熔化的沥青固定字块的效果最好。许多人听说毕昇发明了活字印刷，纷纷前来观看，皮子龙也来了。毕昇在雕版匠的协助下，一张张印刷起来。

刚开始印出来的字，均匀而清晰。可是，印了几张以后，字开始模糊不清，墨色也很不均匀。毕昇又惊讶又着急，鼓起勇气再印下去，结果还是一样！皮子龙看了看，不说一句话，恼怒地走了。

毕昇和雕版匠不断寻找失败的原因，他们发现：木头材质的疏密程度不一样，吸墨量就不一样；木头蘸过墨水后，由于其膨胀程度不一样，使得版面高低不平，因此字和字的清晰度也就不一样了。

元宵节的晚上，毕昇在张灯结彩的大街上散步，心里仍然想着怎么改进活字印刷技术。这时，路边有几个小孩子，把灯笼放在地上，高兴地掷骰子玩。他好奇地走过去，蹲下来仔细地观察着形状很像字块的骰子。

他抓起骰子问："这个是怎么做出来的？"小孩子们说："把黏土捏一捏，用稻草烧一烧就好啦！"毕昇听完，连忙兴奋地冲回了工作坊。

毕昇连夜做了几个黏土活字，天一亮，他就把黏土活字放到稻草中烧。这一幕恰好被范海和皮子龙瞧见了，范海说：“大家都在拼命地工作，他倒是会享福，坐在那儿烤火！”

正当毕昇反复试做黏土活字的时候，母亲和邻居刘老伯突然来了。刘老伯愤怒地说：“你欠老乡贡的学费，皮子龙根本没替你还！十几年连本带利一起算，老乡贡要带走阿香抵债！”

毕昇气极了，连忙跑去找皮子龙理论，狠心的皮子龙不但避而不见，还借口毕昇的活字印刷试验失败，害他损失了一大笔钱，把毕昇开除了！

毕昇走投无路，不知道该怎么办才好。刘老伯鼓励毕昇继续在杭州研究活字印刷，阿香的事他会另外想办法。毕昇送走母亲和刘老伯后，一个人在江边徘徊，想着未来的日子。

毕昇找到因常年刻版导致双目失明而被辞退的师傅陈大亮，两人一起搬到被称为鬼烦楼的乾桥洞居住。巧的是，在这里，毕昇碰到了以前的同学靳宗华，他全力支持毕昇，继续研究活字印刷术。

年轻的科学家沈括也很关心活字印刷术的进展，派人把毕昇找来，对他说："让我也为活字印刷术的早日成功出一份力吧！"说着，沈括拿出了一包银子送给毕昇。沈括的鼓励让毕昇十分感动，也更加坚定了他继续研究活字印刷术的决心。

一次，毕昇把纸灰放进混合了蜂蜡和松香的溶液里，搅拌均匀后，用其粘住黏土烧成的活字方块，制成活字版，用它印出了整齐又清晰的字。

靳宗华提议开书坊。为了筹钱开书坊，毕昇跑到西湖帮人撑船，努力赚钱。鬼烦楼的朋友们也把赚来的钱拿了出来，他们租了一间旧房子，准备开书坊。

正当大伙儿兴高采烈地布置书坊时，范海突然带着一群流氓闯了进来，撕毁纸张、砸坏招牌，对书坊里的人大打出手，还抢走了活字版。范海说：“你们竟敢抢播文堂的生意，跟皮老板作对，简直是太岁头上动土，不知死活！”

愤怒的毕昇跑到皮子龙家，只见皮家灯火辉煌，正在举行盛大的家宴。这时，屋内传出了皮子龙自吹自擂的话语：“我发明这个活字版，可是花了不少精力！”

毕昇听了忍无可忍，一把扯下门帘闯进客厅，拿起桌上的活字版大声说：“胡说！这是我发明的！”大吃一惊的皮子龙连忙说：“快，快抓住他！他是疯子，他想抢我的活字版！”

大家七手八脚抓住毕昇，夺走了活字版。就在这时，鬼烦楼的朋友们拿着竹竿、木棒冲了进来。他们把皮子龙等人围住，抢回了活字版，护着毕昇离开了皮家。

阴险的皮子龙又气又恼，把上回范海拿给他的那块雕版送到衙门，向县令报告：“毕昇故意用刀戳在‘赵’字上，可见毕昇有谋反之心，请大人明察。”县太爷马上命人去抓毕昇。

朋友们听到这个消息，聚在一间破庙里商量后，决定先将活字版交给沈括保管，让毕昇暂时离开这里。

毕昇背着包袱，走向江边，他四处张望着找寻船只，准备乘船离开杭州。这时，毕昇无意中看见，有个女孩儿正在江边哭泣。咦，那不是阿香吗？阿香哽咽着说：“我是从老乡贡那里逃出来的，娘病死了……今后我只有依靠你了……”

毕昇带着阿香走后，他的同学靳宗华把活字版交给沈括保管。沈括知道这件事后，连忙赶到江边寻找毕昇，可是，茫茫的江边，早已不见毕昇的踪影。

沈括回到家中，越想越同情毕昇的遭遇。为了不让毕昇伟大的贡献被埋没，他将毕昇在宋仁宗庆历年间发明活字印刷的事迹，翔实地记录在了他的著作《梦溪笔谈》中。

穿越历史的仰望

徐霞客

行万里路的旅行家

步印童书馆 著/绘

電子工業出版社
Publishing House of Electronics Industry
北京·BEIJING

图书在版编目（CIP）数据

徐霞客：行万里路的旅行家 / 步印童书馆著、绘. --北京：电子工业出版社，2022.3
（穿越历史的仰望）
ISBN 978-7-121-42810-4

Ⅰ. ①徐… Ⅱ. ①步… Ⅲ. ①徐霞客（1586-1641）—生平事迹—少儿读物
Ⅳ. ①K825.89-49

中国版本图书馆CIP数据核字（2022）第018422号

本书插画只作为情节气氛的渲染烘托，不作为名物考证的依据。
特别鸣谢本书主要创作者郑利强先生。

责任编辑：季 萌　　特约编辑：田学清
印　　刷：汇昌印刷（天津）有限公司
装　　订：汇昌印刷（天津）有限公司
出版发行：电子工业出版社
　　　　　北京市海淀区万寿路173信箱　邮编：100036
开　　本：889×1194　1/16　　印张：42.25　　字数：285.4千字
版　　次：2022年3月第1版
印　　次：2022年11月第2次印刷
定　　价：268.00元（全15册）

凡所购买电子工业出版社图书有缺损问题，请向购买书店调换。若书店售缺，请与本社发行部联系，联系及邮购电话：（010）88254888，88258888。

质量投诉请发邮件至zlts@phei.com.cn，盗版侵权举报请发邮件至dbqq@phei.com.cn。

本书咨询联系方式：（010）88254161转1860，jimeng@phei.com.cn。

徐霞客

你有环游世界的梦想吗？明朝有个叫徐霞客的人也有这样的梦想。不过他并不是想去各地游玩，而是希望游历山川的同时将它们记录下来。他用了30多年的时间到各地考察，撰写了60万字的《徐霞客游记》。在这本书里，他生动描绘了大半个中国的山水名胜、奇观异景、风俗民情、社会生活。《徐霞客游记》也被国际学术界列为中国最有影响力的20部著作之一。在那个时代，交通不便，徐霞客到底是怎样完成自己的梦想的？请看看书中的故事吧。

徐霞客本名徐宏祖，号霞客。他出生在江阴县（今属江苏省）的一个小村子里。徐家本是当地的名门望族，到徐霞客这一代已经家道中落了。徐家人世世代代以考取功名为荣，父亲希望徐霞客能弘扬祖先的荣耀，所以给他取名宏祖。

6岁时，父亲把他送到了私塾，希望他能好好学习，早日考取功名。可他觉得私塾先生教的知识太无聊了，反而对父亲书房里的那些奇书更感兴趣。

一次，他在课上偷看父亲的《山海经》，被先生逮了个正着，不仅挨了先生的板子，也遭到了父亲的严厉批评。从此，父亲禁止他再去自己的书房。

但是徐霞客的母亲很理解他，偷偷地把《山海经》拿了出来，让他得以把余下的部分看完。就这样，他偷偷摸摸地阅读了大量历史、地理和讲述各地风土人情的书籍。

15岁那年，徐霞客去县城参加乡试。别人都在为考试紧张地做准备，第一次出远门的他却开心地趁机考察了县城附近的名胜和山川。

这次考试，他毫无疑问地落榜了。父亲虽然难过，但是看徐霞客一点儿不把科举考试当回事也就不再强迫他了，并且允许他到书房尽情地读书。

后来父亲把他推荐给了当时有名的学者廖昌期，让他跟随廖昌期四处云游、开阔眼界。这样幸福的日子并没有持续多长时间，父亲生病去世的消息传到了徐霞客的耳中。他伤心地回到家中，为父亲守孝三年。由于在守孝的时候不能外出，徐霞客整日待在父亲的书房里读书，他发现在不同的书里，针对同一知识的描述存在很大的差异。为了探究真相，他决定守孝期过后亲自去实地考察一番。

三年守孝期满，徐霞客已经长成了一个英俊挺拔的青年。在母亲的张罗下，他成亲了。可他还是整日渴望离开家乡，看看外面的世界。他总是拿着一个测方位的罗盘出神。

妻子看出了他的心思，对他说：“你要是真的想去外面看看，就去跟母亲商量一下吧。”徐霞客听了妻子的话十分感动，虽然不舍但还是想趁着年轻，多出去游走一番。

徐霞客来到母亲房中，对母亲说：“古话说得好，父母在，不远游。母亲，您年纪大了，儿子十分不忍心抛下您不管。但是儿子想趁着年轻多出去走走看看。”

母亲说：“孩子呀，古人说，‘父母在，不远游，游必有方’。只要你出门前做好详细的计划，告诉我们什么时候回来就可以了。”

听了母亲的话，徐霞客十分兴奋，当天晚上，他就点着油灯，认真地查看地图，制订旅游计划，计算行走的路程和回家的日期。母亲也在油灯下，为他一针一针地缝制出行的衣服。这件衣服不仅能为他抵御风寒，还饱含了母亲对他的关爱和牵挂。徐霞客连忙跪谢母亲的理解和支持。

徐霞客此行的第一站是太湖。为了完整地欣赏太湖美景，他乘船来到了太湖中面积最大的岛——西山岛。西山岛上山峰林立，层峦叠嶂。他站在西山岛的最高峰——缥缈峰上，将太湖美景尽收眼底，内心激动不已。他还根据古籍的记载，到林屋山上考察林屋洞的实际大小。徐霞客发现林屋洞内面积并没有书中写的那么大。

白云在远方悠游，水鸟在眼前盘旋，浩渺广阔的水波尽头，是连绵不绝的青山，他沉迷在神奇的大自然里，顿时觉得自己仿佛已经脱离了喧闹的人间。

他一边欣赏美景，一边用罗盘测方位，观察山的形状、走势，查看水的发源地和流向，将观察到的情况与地图一一对照。当发现实际情况与地图中的标识有出入时，他立即记录下来。

离开太湖后，他又前往泰山、孔庙等地进行考察。在整理自己的旅行日记时，他发现自己所到之处都是前人去过的地方，毫无新意。他决心一定要去那些常人没去过、不敢去的地方，这样才能有新的发现。

26岁那年，徐霞客又出发了，这次他的目的地是天台山和雁荡湖。爬天台山时，徐霞客故意选择了一条几乎没有人走的小路。路上荆棘丛生，时常有碎石飞滚而下。面对这危险丛生的小路，他竟然觉得“平坦大道无险境，无路山川更出奇”。

爬山途中，他欣赏到了著名的石梁飞瀑。所谓的石梁，其实是一块架在两山之间的大石头。这块石头大约长7米，宽度却只有30厘米左右。石梁下就是悬崖，有瀑布从这里飞出，直冲谷底，发出巨大的声响。

之后，徐霞客来到了雁荡山。他听闻雁荡山上有个雁荡湖，著名的龙湫瀑布的发源地就是雁荡湖。百闻不如一见，他再次不畏艰辛开始了爬山之旅。为了探究瀑布的源头，徐霞客竟然不顾危险，小心翼翼地踩在石梁上面，俯身仰头看瀑布飞流而下的出处。

翻越好几座山后，他来到一处高山脚下。眼前陡峭的山脊就像剑锋一样，前面无路可走了，后退也很困难，脚下只有一块绝壁。

勇敢的徐霞客不想就这样放弃。他俯身向下望，因为脚下的石头挡住了视线，看不到下面的情况，他心想：从绝壁下去也许能找到一条路。

他把带在身边的绳子和脚上的裹足布接成一条长绳，将绳子的一端绑在树上，自己拽着另一端，踩着陡峭的山体慢慢往下走。没走出几步就看到此山高耸入云，下面深不见底。这种方法肯定行不通，他便又拉着绳子慢慢爬了上去。

这次的寻湖之旅就这样不了了之了。不过徐霞客没有轻言放弃。19年后，他重新游天台山，寻雁荡湖，终于搞清楚了龙湫瀑布的源头。

虽然酷爱远行，但是徐霞客是个大孝子。面对年事已高、身体渐弱的母亲，他决定留在家中照顾母亲，不出远门了。

一年后，母亲还是去世了。这给徐霞客带来了沉重的打击。为了纪念母亲，他特为母亲修建了晴山堂，请僧人在晴山堂中为母亲诵经，以感激母亲的养育之恩，还请人将颂词刻到了石碑上。直到现在，这些石碑和碑文，还保留在徐霞客故居里，供后人瞻仰。

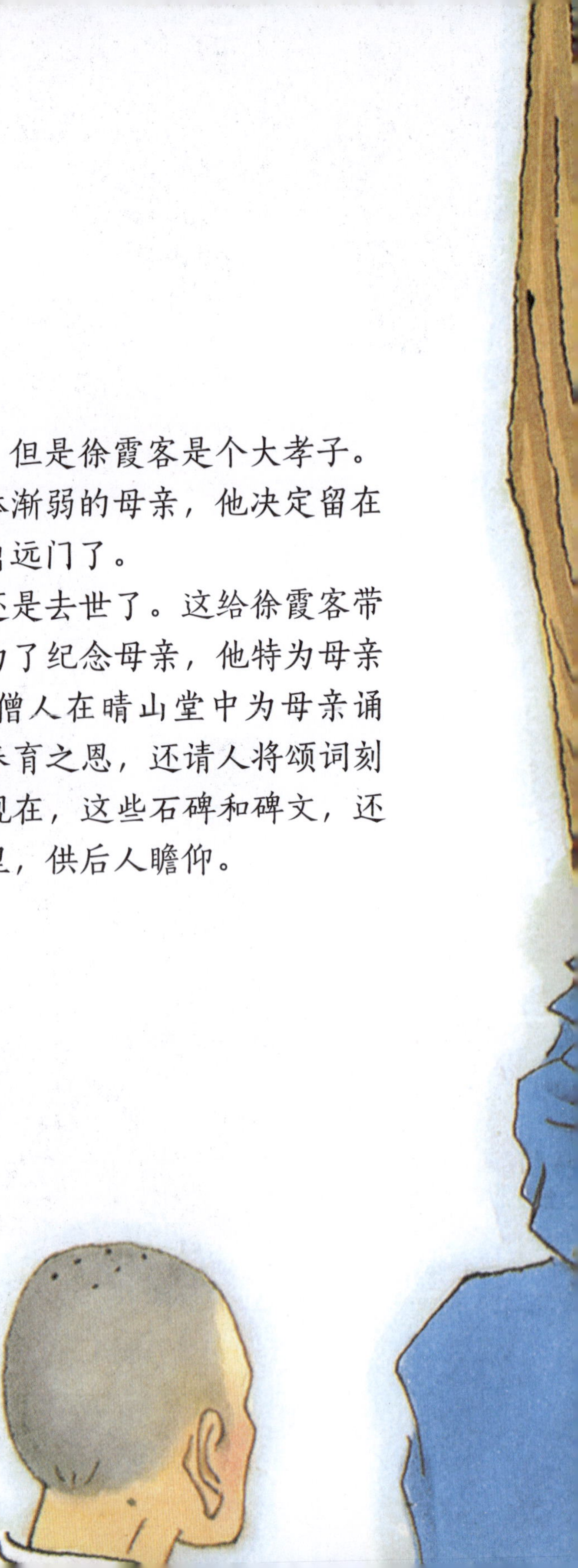

安顿好家人，已经49岁的徐霞客又开始制订新的出游计划。这次他打算向西走。

途经茶陵县（位于今天湖南省）时，他听闻附近有个“妖洞”叫麻叶洞，洞口只有井口那么大，洞内有一片湖，湖水不知道有多深，传说湖中盘踞着一条神龙。当地人都不敢靠近麻叶洞。

徐霞客花重金请了一位熟悉地形的当地人做向导，才找到了麻叶洞。走到洞口，当地人害怕神龙跑出来，丢下徐霞客撒腿就跑。徐霞客只好自己进洞探察。这是一个非常深的山洞，里面深不可测，徐霞客举着火把慢慢前行。

经过长长的通道，他终于来到一处空地。他看到这里有一个巨大的石床，顶上竟然倒挂着一块块石头。石头像帷幔一样垂下来。后面还竖立着好多根石柱，像一队士兵在守卫着这里。

再往里走，里面有很多钟乳石，奇特的景观让他流连忘返。他忘记了害怕，仔仔细细地观察着眼前的景象，打算回去将它们详细地记录下来。

在回去的路上，因为没有当地人的引导，徐霞客迷了路，一不留神就滚下山崖。幸亏有个上山砍柴的当地人及时发现了他，用绳子将他拉了上来。

在徐霞客的旅途中，他遇到过数不清的危险，但都没能阻挡他前行的脚步。

在考察大理的两个多月的时间里，徐霞客收集到了很多关于地热的资料。由于当地空气湿热，地下长期冒出“毒气”，让本就浑身是伤的徐霞客病倒了。

在鸡足山养病期间，徐霞客一边接受治疗，一边整理《鸡足山志》，就这样度过了他在外的第四个新年。没想到病情突然恶化，这位性格刚强的人终于撑不住了。当地地方官听说了他的事迹，特地派车、船送徐霞客回到了他的故乡江阴。一年后，54岁的徐霞客在家中病逝。

徐霞客的生命只有短短的54年，在其短暂的一生里，他花了30多年的时间遍访祖国的大好河山。每到一处，他都将自己的见闻详细地记录下来，留下了60多万字的《徐霞客游记》。

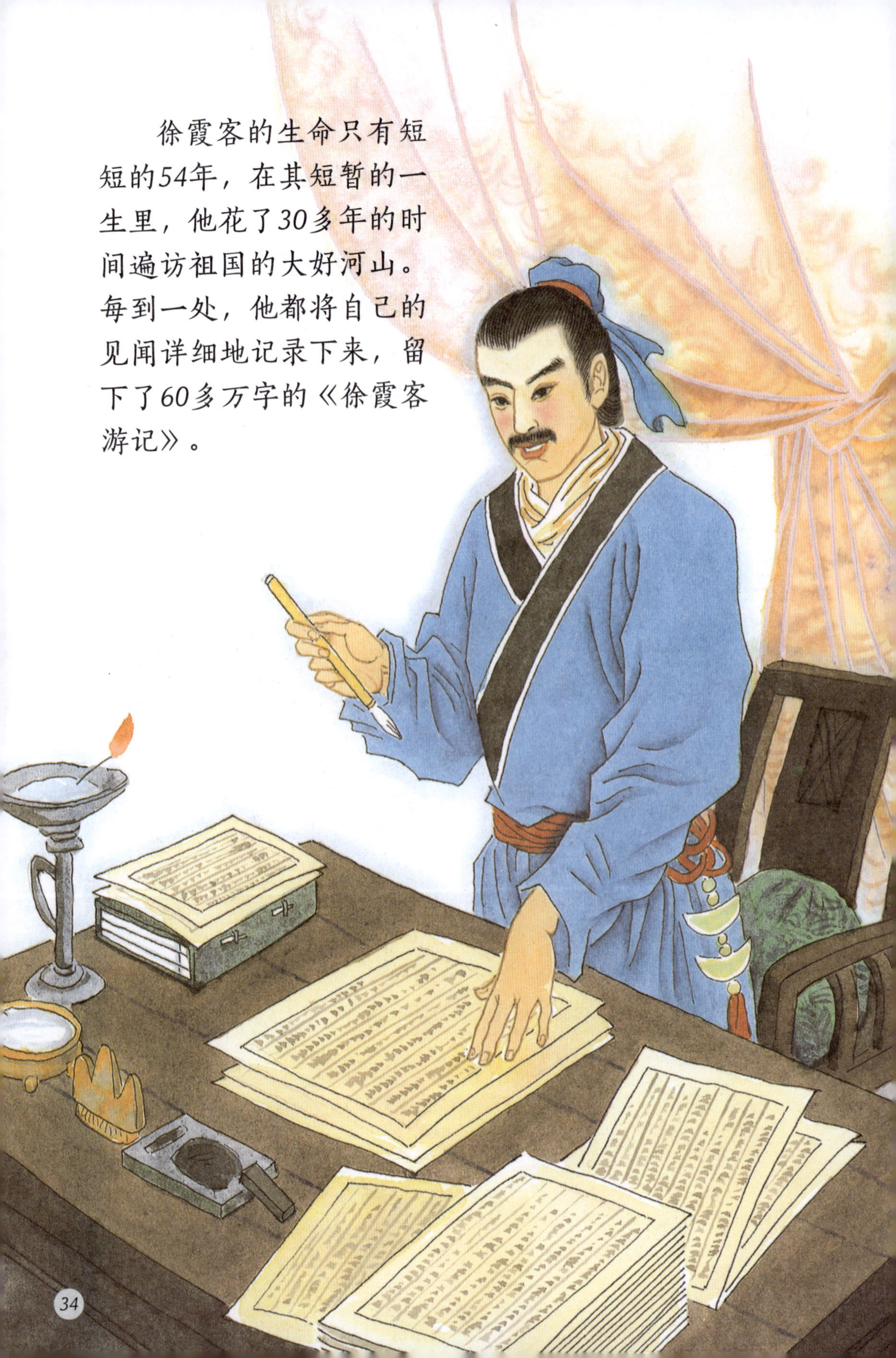

他曾经两次考察桂林的七星岩，对岩洞的地理位置，洞穴的结构、规模、方向、形态和特征及洞口的数目等信息，都做了精确、详细的记载。

他还根据自己的研究，指出溶洞的形成是石灰岩地区地下水长期溶蚀的结果。他对钟乳石的成因进行了详细记载，为后世的地质研究提供了不少依据。他的发现比欧洲科学家最早对岩溶（喀斯特）地貌的记载和研究早了一百多年。

徐霞客一生不求功名，不问利禄，以亲自探索的方式考察各地的山川、河流、地形、地貌及风俗民情。他将自己在旅途中所做的记录整理成了《徐霞客游记》。随着游记的广泛流传，一代又一代的人记住了徐霞客这个名字。他的探索和务实精神也永远为我们所敬佩。